世界覇権の大きな真実

Rothschild

ロスチャイルド230年の歴史から読み解く近現代史

Takahiko Soejima

副島隆彦

PHP研究所

はじめに

この本を読めば、ヨーロッパの大財閥であるロスチャイルド家の歴史と全体像が分かる。しかも簡潔にすっきりと分かる。ロスチャイルド家の創業以来の２３０年間の、重要人物である34人について**34**のように名前に記号を付けた。これでいよいよロスチャイルド家の全体図が分かる。

この本は新刊から8年ぶりの復刊書である。この8年間の一族の変遷と事件についても細かく加筆して補った。最新の知識にした。

去年２０２０年末の米大統領選挙で、大規模な不正（voter fraud《ヴォウター・フロード》）が起きた。このために、謀略で失脚させられたトランプ大統領と、彼を熱烈に支持している1億人のアメリカ国民が今もずっと激しく闘っている。

もし、このような選挙犯罪が黙過《もっか》されて、まるで「何ごとも無かったかのように」世界が過ぎてゆくなら、いよいよアメリカ帝国の没落、衰亡どころか、世界全体が急激におかしくなってゆく。世界中がアメリカの争乱で不安に脅《おび》えている。

トランプは民衆《みんしゅう》主義者 populist《ポピュリスト》 である。このトランプを何が何でも押《お》し潰《つぶ》したい勢力をディープ・ステイト the Deep State と言う。彼らは、裏に隠れて世界を支配している恐ろしい支配者たちである。

ロスチャイルド家も、このディープ・ステイトの主要な成員だ、とする説がある。私はそうは思わない。ディープ・ステイトの総本山で最高司令部は、ヴァチカンのローマ・カトリック教会と、ヨーロッパの各王家である。それと巨大な不動産資産を今も隠し持つヨーロッパの大貴族たちの連合体である。トランプたちは、この欧米白人文明の〝諸悪の根源〟たちと必死の戦いをやっている。だから〝第2次のアメリカ独立戦争〟なのである。

これは世界（史）の軸が動く大きな変動である。

ロスチャイルド家の悪《あく》は、ヨーロッパの金融制度を作ったことだ。国際金融資本の銀行業の悪《あく》どさのことを指している。本書173ページで説明するごとく、今の米国の中央銀行であるＦＲＢ《エフアールビー》（連邦準備制度理事会《フエデラル・リザーブ・ボード》）を作ることを画策したのは英ロスチャイルド家である。あれこれの説明は本書の随所《ずいしよ》でした。

私たち日本人は、ロスチャイルドのことを知りたがっている。それなのに、手頃な解説本がない。

だから、この本は、欧州ロスチャイルド家230年の全体像を大づかみで理解できることを真剣に目指した。日本では、それなりの読書人を自負する人であっても、このヨーロッパの華麗なるユダヤ系の巨大金融財閥の全体図を把握できていない。

たとえばロンドン家2代目当主のライオネルと4代目ウォルター。パリ・フランス家2代目アルフォンスと4代目ギーが行なったこと（重要な歴史事件にどのように関わったか）を区別することができない。そのために愚かなる✖陰謀論《いんぼうろん》なるものが、今も日本国内にはびこっている。この本は、この困難な課題にも正面から挑戦した本である。

ただし、世界権力者たちによる権力者共同謀議《きょうどうぼうぎ》（conspiracy：コンスピラシー）は有る。歴然として存在する。確かに19世紀（1800年代の100年間）の世界は、金融をロスチャイルド財閥が操《あやつ》る大英帝国《ブリテイツシユ・コモンウエルス》の時代だった。彼らが数々の悪事も実行した。

だが20世紀（1900年代）になってからのこの100年余は、アメリカ・ロックフェラー財閥が世界を支配した。ロックフェラー石油財閥が欧州ロスチャイルド金融財閥に取って替わり、コンスピラシー（権力者共同謀議《きょうどうぼうぎ》）の巨悪を実行して来た。

いつの時代も、世界で一番大きな資金を持つ集団が、その時々の世界をいいように動かす。この視点をおろそかにしてはいけない。

この本は、ロスチャイルド家の創業以来の230年間の全体像に明確な輪郭を与える。欧州ロスチャイルド財閥230年の中の主要な人物たち34人を相互に関連づけながら解説する。分かりやすいように、本文と家系図に、主要な人物たち34人の通し番号（❶〜㉞）を付けた。巻頭に折り込んだ家系図に戻ってじっくりと何度でも見てほしい。これでロスチャイルド家の全体像が分かる。

この本が編まれた動機は、ゆえに、「ロスチャイルド家による世界支配の✕陰謀」をバラまき続ける低能たちを粉砕することである。

世界を操る「闇《やみ》の勢力」など存在しない。世界支配主義者《グローバリスト》たちは堂々と表に出てきて、公式・非公式の会議を開き、公然と世界を支配《コントロール》している。巨大な金《かね》の力で、各国の高官・公職に就く人間たちを、人事面から左右して各国の政治に強い影響を与えている。

「ヨーロッパ・ロスチャイルド家が米ロックフェラー家を背後から操っている」と主張する裏のある者たちを、この本で最終的に撃滅する。そのための正確な知識の本としてこの本は世に出る。この本の著者である私は、✕陰謀論という不正確で不適切なコトバの蔓延《まんえん》を拒否し訂正させ、やがて消滅させる覚悟である。

「コンスピラシー」とは、〇共同謀議のことである。従って欧米で使われるコンスピラシー・セオリー conspiracy theory は、正しく「権力者共同謀議（はある）理論」と訳さなければならない。

この本の影響で、今後、日本から少しずつ✕陰謀論というコトバが消えてゆく。✕陰謀論は廃語 obsolete《アブソリート》 word《ワード》 となってゆく。それに代わって、コンスピラシーは、権力者共同謀議と正しく呼ばれるようになるだろう。権力者共同謀議は存在するのだと主張する理論をコンスピラシー・セオリー conspiracy theory といい、それを主張する者たちをコンスピラシー・セオリスト conspiracy theorist という。そしてこの「権力者共同謀議理論」が正しく日本国内で認められるようになってほしい。

その日まで、私は、世界各国にいる同志たちである真実言論派《トルース・アクティビスト》 truth activists の一人として、日本を自分の持ち場として闘い続ける。私は事実《ファクツ》と真実《トルース》以外の、何ものも恐れない。それが政治知識人、思想家であることの堅い決意である。

副島隆彦《そえじまたかひこ》

2012年6月
2021年1月に改訂

世界覇権の大きな真実

ロスチャイルド230年の歴史から読み解く近現代史

目次

第2章 ロスチャイルド家の世界覇権

大英帝国の黄金期とヨーロッパの繁栄

第4章 戦後のロスチャイルド家

2つの世界大戦で弱体化した一族

第5章 ロスチャイルド家の現在

「アメリカ帝国」没落後の世界戦略

装丁 神長文夫+松岡昌代
写真協力 株式会社アマナ

プロローグ

ロスチャイルド家の全体像を理解する

主要な人物たちが形づくる大きな幹

英王室とつながるロスチャイルド家

欧州ロスチャイルド家は、資金力と政略結婚の力で、イギリス王室だけでなく、どうやらウィーンのハプスブルク家からヨーロッパ貴族の称号を手に入れてきた。ハプスブルク家が14世紀から神聖ローマ帝国（ホウリー・ローマン・エムパイア）の皇帝だからである。ヨーロッパ唯一の皇帝《エムペラー》だった。

２０１１年４月に、イギリス王室のウィリアム王子と結婚したケイト・ミドルトン（キャサリン妃）はロスチャイルド家とつながっている。キャサリン妃の母親のキャロルは、旧姓をゴールドスミスという。

このゴールドスミス家が重要である。ロスチャイルド一族の創業の地はドイツのフランクフルトである。ここの創業家は、男系が途絶えてロスチャイルドの名が消えている。しかし女系がゴールドスミス家となって生きのびている。キャサリン妃の祖母はドロシー・ハリソン・ゴールドスミスなのである。

ゴールドスミス家は、古くからロスチャイルド家と強い姻戚関係にある一族だ。だからロスチャイルド家は、イギリス王室と閨閥《けいばつ》である。

ロイヤル・ウェディングは
ロスチャイルド家と関係する

2011年4月29日、イギリスのウィリアム王子（1982〜）とケイト・ミドルトン（1982〜）のロイヤル・ウェディング。この成婚で王子は「ケンブリッジ公爵」、ケイトは「ケンブリッジ公爵夫人キャサリン」となった。キャサリン妃の母は、フランクフルトのロスチャイルド本家の血筋を女系で継承するゴールドスミス家の人である。

ロナルド・ゴールドスミスと、ドロシー・ハリソン夫妻。この2人は、英王室キャサリン妃の母方の祖父母である。フランクフルトのロスチャイルド旧本家の血は、男系では2代で絶えたが、女系では今日もこのゴールドスミス（ゴールドシュミット）財閥として残っている。

2011年4月29日、バッキンガム宮殿のバルコニーに立つ、ケンブリッジ公爵夫妻の両親たち。左からマイケル・ミドルトン、キャロル・ミドルトン(旧姓ゴールドスミス)、チャールズ皇太子、カミラ夫人。

20世紀初頭まで、ロスチャイルド家は、同族結婚を繰り返して、一族の閨閥の力を維持してきた。

やがて王妃になるキャサリン妃のはとこ（再従兄弟）に㉖ケイト・エマ・ロスチャイルド（1982年生まれ）という女性がいる。

ケイト・エマは、2003年に、ゴールドスミス家のベンジャミン（1980年生まれ）という男と同族結婚（政略結婚）している。ベンジャミン（ベン）が、ゴールドスミス家の若い当主である。

1997年に死んだ父ジェームズ・ゴールドスミスから、300億ポンド（約4兆円）の遺産を相続した。

〝メディア王〟ルパート・マードックがイギリス国内で力をなくした。その後は、このベン・ゴールドスミスが新たなメディア王になるだろうと噂されている。

ケイト・エマとベンは2012年に離婚した。原因は、ケイトが黒人ラッパーのジェイ・エレクトロニカと浮気していたためだ。ケイト・エマとベンはツイッターでお互いを非難する投稿をし続けた。

ケイトはジェイのために、Round Table Record なるヒップ・ホップ系のレコード・レーベル会社を立ち上げるほどだったが、2014年には破局した。現在は、ポール・フォーカンという若い年下の実業家と付き合っているようだ。

ケイトとベンには3人の子供がいる。長女アイリスは、2019年に15歳で事故死した。

ベンには、ザカリアス（ザック）という1975年生まれの兄貴がいる。ザックは反捕鯨団体シー・シェパードの大スポンサーである。英保守党議員（下院）でもある。

既婚だったザックは2010年に不倫騒ぎを起こした。お相手は前述したケイト・エマの実妹アリス（1983年生まれ）である。

が同族結婚で新たにつながる

ケイト・エマ・ロスチャイルド(右、1982〜)と、ベンジャミン・ゴールドスミス(1980〜)。この2人は、2003年に結婚したが、2012年に離婚した。

ケイトの父は、ロスチャイルド家の総帥ジェイコブの異母弟、アムシェル・ロスチャイルド。母のアニタは、「ギネス・ブック」のギネス一族の人。ベンジャミンは、ゴールドスミス家の現当主。ルパート・マードック(1931〜)の後の"メディア王"になるといわれている。

ロスチャイルド家とゴールドスミス家

アリス・ロスチャイルド(1983〜)は、ケイト・エマの妹である。ケイト・エマの元夫ベンジャミンの兄・ザカリアス・ゴールドスミス(1975〜)と不倫の末結婚。

ジェームズ・ヴィクター・ロスチャイルド(1985〜)は、ロンドン家当主ジェイコブの甥で、次期当主ナットの従兄弟である。ホテル王ヒルトン家のニッキー・ヒルトンと2015年に結婚。

ザック・ゴールドスミスは翌年に離婚し、今はアリス・ロスチャイルドと仲良く暮らしている。

ザックは、2016年にロンドン市長選に立候補した（前任者は現首相のボリス・ジョンソン）。しかしパキスタン系イスラム教徒のサディク・カーンに敗れた。ザックは今はジョンソン内閣で閣僚を務めている。

ケイト・エマとアリスには、ジェームズ・ヴィクター（1985年生まれ）という弟がいて、投信投資顧問会社 JR Capital を経営している。

2015年にこのジェームズ・ヴィクターはニッキー・ヒルトン（パリス・ヒルトンの妹）と結婚して、ロスチャイルド家はヒルトン一族ともつながった。2人の挙式はウィリアム王子とキャサリン妃が住むケンジントン宮殿で行われた。

ロスチャイルド家の全体像を知るべきだ

ロスチャイルド家が、今も世界を支配しているという言論が日本国内でもまだ出回っている。しかし実際には、もうそれほどの力はない。ヨーロッパの衰退と共に衰えている。それでもなお、「ロスチャイルド家が、裏から世界を支配している」と、根拠なく愚かなことを書く人たち（言論人とさえ呼べないような人たち）がいる。彼らに対して、私が、「それではいったい、ロスチャイルド家のどういう人物たちが世界を操《あやつ》っているのですか。実名で説明してください」と質問すると、彼らは、ロスチャイルド財閥の現在の当主や主要な人物を、ほとんど知らない。

「1780年頃から、ドイツの金融の中心都市であるフランクフルトで、金融業者から成りあがってヘッセン侯の御用《ごよう》商人となり、ナポレオンと闘い、やがてヨーロッパの最大の金融業者となり、各国の政治家たちまでも大きく操った人々」という、外枠《そとわく》の知識しか知らない。

欧州ロスチャイルド家全体の当主（総帥《そうすい》、統領《とうりょう》）は誰か。それはロスチャイルド・ロンドン家の6代目当主の23ジェイコブ・ロスチャイルド卿である。

1936年生まれで84歳。まだ存命している。4代目男爵である。彼が今も現在の一族の全体総帥である。

前述したケイトとアリスのロスチャイルド姉妹の伯父にあたる。アリスはオックスフォード大学卒業後、ジェイコブの下で働いていた。ジェイコブの異母弟が姉妹の父アムシェルだ。1996年に自殺した。

ジェイコブ卿は、同じロンドン家ではあるが、傍系である20イヴリン・ロバート・ロス

ロンドン家6代目当主

現在の ロスチャイルド家の総帥（統領） ジェイコブ

23

ジェイコブ・ロスチャイルド（1936年生まれ。84歳）
2019年にRITキャピタルの会長を退任（現在の会長はジェームズ・リー=ペンバートン James Leigh-Pemberton 卿。元イングランド銀行総裁の息子）。RITキャピタル自体は今もジェイコブと一族が大株主。2017年にロスチャイルド家の邸宅があるバッキンガムシャーの邸宅敷地内で、セスナ機の事故に巻き込まれて死亡したとの説がある。しかし2018年6月撮影とされるジェイコブの写真が存在している。

チャイルド（1931年生まれ）と、パリ家の5代目当主の㉒ダヴィド・ロスチャイルド（1942年生まれ）との間に、1980年以来、大きな対立と抗争を抱えていた。しかし現在は和解してスイスに本拠地を移した。

このようにロスチャイルド家の、具体的な人物像を語らなければならない。「恐ろしいロスチャイルド家のユダヤ人」と言ってはみたものの、中身のことを何にも知らない。これが今の日本の知識業界、出版業界の実状である。

だから、私が分かりやすく全体像について説明してゆく。この「欧州ロスチャイルド家を全体として理解する」という企《くわだ》てが、日本の読書人・知識人層にとって重要な意味を持つ。

ヨーロッパで、ロスチャイルド財閥がどのように生まれて、どのように発展し、そして現在どのように衰退しているのか。

私、副島隆彦は、ロスチャイルド家の230年の歴史を、イタリアの華麗なるメディチ家の600年の栄枯盛衰と同じように概観する。

ロスチャイルド家の主要な人物たちを登場させて、時系列（クロノロジカル）に扱う。しかしまず現在の主要な人物たちを説明し、そのあと第1章から歴史時間の古いほうから、現在に向かって説明する。

イヴリンとダヴィド
（ロンドン分家）　　　（パリ家）

イヴリン

ロンドン分家。本家の6代目当主ジェイコブを、1980年に追い出してロンドン家の旗艦銀行であるNMロスチャイルド銀行を乗っ取った。パリ本家のダヴィドと連携して動いた。しかし2014年に和解してジェイコブに戻した。

総帥ジェイコブと対立する

ダヴィド

パリ家5代目当主でNMロスチャイルド銀行会長を務めた。パリ家の旗艦銀行であるパリ・オルレアン銀行も創業した。現在は同銀行の取締役を務める。ダイヤモンドのデビアス社の取締役でもある。

ロスチャイルド家VS.ロックフェラー家

私は読者のために自分の大知《だい》識を「最単純モデル化した大きな理解」で示す。この「最単純化モデル」では、20世紀初頭からの100年間は、世界はアメリカの石油財閥として勃興したロックフェラー財閥が取り仕切った。

それに対してロスチャイルド家は、その一つ手前の100年間古い、大英帝国の時代に大きく栄えた。

この2つの勢力が対立し合いながら世界の金融・経済、そして政治あるいは軍事、外交までをも地球の一番上から大きく支配したと考える。

1914年（第1次世界大戦の始まった年）を境《さかい》にして、欧州のロスチャイルド家は米国ロックフェラー家に実質的な世界覇権を奪われて敗北が始まった。

今はまだかろうじて世界覇権国（ヘジェモニック・ステイト）であるアメリカ合衆国の力と富を背景とした米ロックフェラー家の勢力に、ロスチャイルド勢はどんどん追い詰められていった。

それでも、今なお欧州でロスチャイルド家の力は強い。

ロスチャイルド家から
世界覇権を奪った
米ロックフェラー家

デイヴィッド・ロックフェラー(1915〜2017)は、ロックフェラー家第3代当主。"実質の世界皇帝"であった。

ジョン・D・ロックフェラー4世(1937〜)、愛称"ジェイ"は、2015年までウエストヴァージニア州の上院議員を務めた。4世で当主なのだが、叔父のデイヴィッドに実質の力を奪われた。まだ存命である。

ヨーロッパ連合（EU《イーユー》）は、ユーロ€uroという統一通貨をつくって、アメリカのロックフェラー家の〝ドルと石油〟の力による世界支配と争いながら金融・経済の場面で劣勢ながら拮抗している。

現在の総帥であるジェイコブは戦後、世界中で、米ロックフェラーとの攻防でヨーロッパ全体が守勢に回り、ずいぶんと苦労した。

ジェイコブの父親は、ロンドン家5代目当主の⑱ヴィクター・ロスチャイルドである。父ヴィクターも、アメリカ帝国に対して手も足もでなくなった自分たち欧州人の力を取り戻そうと苦心したようだ。

このヴィクター卿は、農業研究所やケンブリッジ大学動物研究所の主任研究員をやった。それからシェル石油の研究所長なども務めた。しかしそれは表の顔である。ヴィクター卿は、戦争中も戦後も、イギリス国家情報部のMI6《エムアイシックス》に長く勤務した。

実は、このヴィクター卿こそがイアン・フレミング著の小説『007《ダブルオウセブン》』（やがて、映画のシリーズにもなった）という世界的に大ヒットした著作物の主人公ジェームズ・ボンドのモデルのひとりなのである。このことは後述する。

ロスチャイルド家の5代目ヴィクターが『007』そのものである

ヴィクター・ロスチャイルド（1910〜1990）は、ロンドン家5代目当主。第2次大戦中はイギリス情報部（MI5、MI6）で活動した。キム・フィルビーという超大物のロシアとの二重スパイが、ジェイムズ・ボンドのもうひとりのモデルである。

映画で有名な007（ジェイムズ・ボンド）のモデルのひとりだといわれている。

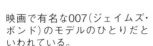

摑みどころがない『赤い楯』

私はこれまで、数十冊の自著で、ロックフェラー家の内部事情をかなり詳しく説明してきた。世界水準での最先端の動きを紹介して、責任をもって日本国内に広めた。

ジョン・D・ロックフェラー1世の孫にあたるデイヴィッド・ロックフェラー（2017年に101歳で死去）のことを、私は、彼が〝実質の世界皇帝〟であると言ってきた。そしてこのデイヴィッドが、自分の甥《おい》でロックフェラー家の嫡男《ちゃくなん》（長子）であるジョン・D・ロックフェラー4世（ジェイ・ロックフェラー）と〝当主争い〟をしてきた。

ジェイは若い頃は自分が堂々と実力で大統領になるつもりだった。だが叔父のデイヴィッドが邪魔《じゃま》をした。

ロックフェラー家に対して、ヨーロッパで隆盛した金融財閥（宮廷ユダヤ人《コート・ジュー》）。各国で阿《あ》漕《こぎ》な税金の徴収官僚でもあった）であるロスチャイルド家のことを、これまで私はあまり書いてこなかった。

日本におけるロスチャイルド研究の金字塔として、読書人階級の人々に崇《あが》められている広瀬《ひろせ》隆《たかし》氏の大著『赤い楯　ロスチャイルドの謎』（集英社）という本がある。

1991年に上下2巻本で刊行されて大きな反響を呼んだ。それ以来、この『赤い楯ロスチャイルドの謎』を読みさえすれば、ロスチャイルド家のことが分かるのだということに、日本の言論界がなっている。

ところが、この本に詳細に書かれた内容が、いったい何を意味するのか、誰もピンとこない。

「何とか家の誰と誰が、1912年のタイタニック号の遭難、沈没で死んだ」とかの、細かい記述がてんこ盛りであまりにたくさん書いてあるものだから、2巻ともきちんと読んだと思っている人たち自身が、実は何も理解できていない。

一つひとつの解説は事実なのだろうが、それが、大きくはいったい何を表すのか、が分からない。

だから茫洋《ぼうよう》として摑《つか》みどころがない。

それで、このあとは、✕「陰謀論」（コンスピラシー・セオリー）という、誰にもよく分からない、根拠の薄弱な、定見のない、おかしな雰囲気だけがフワフワと世の中に広まったのである。

「陰謀論」ではなく「共同謀議はある理論」

「はじめに」でも書いたが、私は✕「陰謀論」という言葉を使わない。コンスピラシー・セオリー conspiracy theory とは、「実質的にそれぞれの国で一番大きな政治権力（political《ポリテイカル》 Power《パウァ》）を握っている支配者が共同謀議を実行する、と主張する理論」のことだ。この定義《デフィニション》に従うので、私は「コンスピラシー・セオリー」を、正確に、「権力者共同謀議理論」と訳す。そして、日本国内でもこの訳語が使われるべきだ、としつこく唱導している。

日本の刑法学では、コンスピラシー conspiracy のことを、「共謀共同正犯《きょうぼうきょうどうせいはん》」と訳す。「共謀による共同の正犯」と、しっかりと分けて理解しなければならない。「共同正犯」というドイツ刑法学の考え方を輸入して、そのうちの類型の一つとして「共謀（共同謀議）」というのが存在する、という考え方である。この「共謀共同正犯」を、日本の刑法学の主流（団藤重光《だんどうしげみつ》東京大学名誉教授、元最高裁判所判事。2012年に98歳で死去）は、認めない。ところが、アメリカ刑法（学）《クリミノロジー》の影響で、日本の実務（裁判所の判例）で、近年、どんどん認めるようになった。

こういう刑法学（法律学）の基礎知識を何も知らないで、「それは陰謀（理）論だね」などと軽々しく使うべきではない。✕陰謀というコトバは滑稽《こっけい》なだけである。

広瀬隆のロスチャイルド研究の欠陥

私の視点からすると、広瀬隆という人がどのようにしてロスチャイルド家の全体像の史実と家系図的な研究を、あの大作『赤い楯　ロスチャイルドの謎』でつくって完成させたのか。この点を解読しなければいけないと思っている。

私は、自分が祥伝社から毎年出している金融・経済ものの「エコノ・グローバリスト・シリーズ」の一冊『堕ちよ！　日本経済』（2000年刊）で、広瀬隆に向かって、「あなたはロスチャイルド家叩《たた》きばかりやっているけれども、どうして現在の世界を動かしているもっと大きな勢力であるロックフェラー家叩きをやらないのだ。傍流のベクテル（世界最大の建設会社。サウジの石油パイプラインもここが建設した）を暴いた本までは書くようだが。もしあなたがロスチャイルドとロックフェラーの両方をきちんと差別なく、大きくとらえて、両方の勢力を批判するのであれば、私はあなたと共同作業をしてもいい」と書いた。が、当然、彼からは何の連絡もなかった。

広瀬隆のロスチャイルド研究『赤い楯《レッド・シールド》　ロスチャイルドの謎』が抱えている大きな欠陥は、情報のソース（源泉）の偏《かたよ》りである。どのような人物によって、広瀬隆にあれらの情報がもたらされたのか。

それはセリッグ・ハリソンというＣＩＡの高官からであろう。このハリソンは、いつもは表面はジャーナリストで「アジア核問題の専門家」という顔をしていた。まるで民間人のふりをして、この30年間、日本や韓国、北朝鮮や台湾、そしてパキスタンやインドまでも含めた、各国の核兵器・原子力開発の、押さえつけの係をしてきた特殊人間である。

彼は、北朝鮮が激高すると日本に核ミサイルを撃ち込むだろう、という物騒なことを米議会の公聴会（パブリック・ヒアリング）で発言して、日本国民を脅す米政府の公式のアジア核問題担当の高官である。

おそらく、このセリッグ・ハリソンが、あの大著『赤い楯　ロスチャイルドの謎』を、広瀬隆に書かせたのだろう。

ハリソンたちＣＩＡ高官は、１９７０年代に、原発《げんぱつ》反対の元気な若者の市民運動家の広瀬隆に近づいた。「この日本の反核《はんかく》運動の若者は、アメリカの戦略に合っているから育てよう。日本政府が秘かに原子力開発と核保有することを邪魔するために、この若者に資金と情報を与えよう」と育てたのである。〝世界のお役人〟である５大国（米、英、仏、ロシア、中国）を国連《ユーエヌ》の５つの常任理事国（ファイブ・パーマネント・メンバー）と言う。この５大国以外には核兵器を持たせないようにする、と決められている。そのためにハリソンのような人々が存在する。

ハリソンは、大きな見方からは米ロックフェラー家の息のかかった人間である。だからあのロスチャイルド家叩きの異様な本である『赤い楯』ができたのだ。「ロスチャイルド一族こそが〝諸悪の源泉〟である」と、強烈に主張し誘導するために書かれたプロパガンダ本である。だから日本の「陰謀論の本」の金字塔である。

副島隆彦は〝真実言論派〟である

私は、これまでの自著で「日本の陰謀論者たち」の主張の土台を切り崩してきた。あまりにも根拠のない、異星人（宇宙人）やら爬《は》虫類人《ちゅうるい》（レプテリアン）などという、証明のできない〝お化け（妖怪《ようかい》）〟を、まるで実際に居るのだと、おどろおどろしく故意に信じ合って、喜んでいる薄らバカたち、すべてを退治する。

「イギリスのエリザベス女王は、夜になると角が生える」だとか、「おどろおどろしい闇の支配者が世界を動かしている」と主張する愚かな人々を、私は、軽蔑《けいべつ》する。

私が不愉快なのは、私の本の読者の一部を含めて、この私自身がどうやら、「副島隆彦は、✖陰謀論者の一種で、自分たちの仲間だ」と考えられているらしいことである。私は、このことを知って、極めて不愉快である。私は、真実言論派《トルース・アクティヴィスト》であって、愚劣なる陰謀論者ではない。私は根拠のある主張しかしない。私は、一人でこの現状に唖然《あぜん》としている。✖「陰謀論」なる差別用語が安易に使われている現状に対して、私は怒っている。

私は、「闇の勢力がこの世界を支配している」という考えを認めない。

もし、そういう「闇の勢力」なる者たちが居るのならば、その者たちを表面に引きずり出さなければいけない。「裏に隠れている人々が、世界の政治、経済を動かしている」と、考えるなら、その特殊な人々を、表に出して、名指しして、徹底的に知識と言論と思想研究と、近代学問（science《サイエンス》）の力で、皆で公然と議論しなければいけない。それをしないで、「おそろしい陰謀論」とか、「秘密結社の奇怪な人々」という、不確かな言論が、日本中にまかり通っている。

私は、証拠と、確からしさからなる諸事実（facts《ファクツ》）の集合体しか信じない。確からしさが低い話を真実だと思い込んで、夢の世界をさ迷わないと、気が済まない人間たちとは、私は、理解し合えない。ものごとには限度というものがある。

私は、異星人や爬虫類人や地底人が存在する、と主張する者たちと、公然と公開で議論をしたい。

愚かなる夢の世界の話を、現実と故意に取り違えて、わけの分からないことを書き続けている者たちを私は、もうこのまま放っておくわけにはいかない。「世界の要人たちの本当の姿は、爬虫類人だ」（デイヴィッド・アイク説）を主張する者は、私に論争を挑んでください。

〝闇の支配者〟など存在しない

それでも確かに、今の世界の政治と、経済・金融を実質的に動かしている、一部の特権的な人々は存在する。ただし、それにいたずらに脅《おび》えたり、神秘的な幻想的な超自然の中に置いて、崇《あが》めることをしてはならない。現在の世界の最高支配者たちは、公然と表に出てきている。各国の政治指導者や超《ちょう》財界人として動き回っている。

たとえばヨーロッパの旧貴族たち（EU《イーユー》の議会の議員になっている）と、アメリカ合衆国の財界人たちは、「ビルダーバーグ会議《ミーティング》」（Bilderberg meeting）という超財界人の会議を定期的に開いている。それらの報道もなされている。

このビルダーバーグ会議の表面に出ているのが、「ダヴォス会議（「世界経済フォーラム」)」である。さらに、「米欧日三極《さんきょく》委員会」The《ザ》 Trilateral《トライラテラル》 Commission《コミッション》がある。こちらは、デイヴィッド・ロックフェラー(２０１７年に１０１歳で死去)が創始して、主宰して来たが、ほぼ消滅した。最後は、２０１２年4月に東京のホテルオークラで開催された。ロスチャイルド財閥のロンドン本家のジェイコブも、ロンドン分家のイヴリンも、パリ家のダヴィドも、堂々とダヴォス会議に出席していた。

ロンドン本家現当主ジェイコブの長男で、やがてロンドン家7代目当主となるのが25ナサニエル・フィリップ〝ナット〟ロスチャイルドである。ナットは女優のナタリー・ポートマンと浮名を流した。新興諸国で〝鉱山会社ころがし〟をしていたが、２００８年のリーマン・ショックで大損して痛手を受けた。２０２０年に公開されたハリウッド大作映画『TENET テネット』に出て来るメガヨット(全長73メートル。ヘリポート付き)は、このナットが所有しているものだ。値段は1億ドル(１００億円)といわれる。

だからヨーロッパのロスチャイルド財閥の力は現在は、相当に小さい。ロックフェラー家の財力と世界支配力に比べたら、かなり弱くなった。ヨーロッパ諸国が、この１００年間かけて衰退した事実と相《あい》まっている。しかしロックフェラー家もかなり衰退してきた。次は中国の時代だろう。

この本で「ロスチャイルド家の全体像」として説明してゆく場合に、その土台になるべ

ロンドン家7代目当主

ハリウッド女優と浮名を流した ナサニエル・フィリップ(ナット)

25

ナサニエル・フィリップ・ロスチャイルド(1971〜)、愛称"ナット"は、ジェイコブの長男で、ロンドン家の次の当主である。三井住友銀行の合併発足時に、それを"見届けに"来日した。1995年にモデルのアナベル・ニールセンと駆落ちで結婚(97年離婚)した。このあと女優のナタリー・ポートマンや、トランプ大統領の娘イヴァンカ・トランプとも関係があった。

ナタリー・ポートマン

女優ナタリー・ポートマンは、ナットの"元カノ"である。2006年頃付き合っていた。イスラエル出身で本名はナタリー・ヘルシュラグ。1994年『レオン』で映画デビュー。

き知識・情報において、「これは信じられる」「こちらは少し疑問だ」と私が判定（判断）する。「おそらくこれは正しいだろう」と思うことを確定してゆく。

日本国内で最も簡潔に、かつ明瞭にロスチャイルド家の全体像を紹介した文献として、この一冊を挙げる。

それは横《よこ》山《やま》三《さん》四《し》郎《ろう》という学者（戸板女子短期大学元教授）が書いた、『ロスチャイルド家　ユダヤ国際財閥の興亡』（講談社現代新書、１９９５年刊）である。この本は、日本におけるロスチャイルド研究の「定本」「定番」といってよい優れた本である。この事実も日本国内ではあまり知られていない。

この本の発行から今年で26年がたった。今なお、ロスチャイルド家についてはこの新書本が、最も正確に書かれている。ロスチャイルド家のみならず、ヨーロッパ・ユダヤ財閥問題に関して広範にかつ網羅的に書かれている。この事実を多くの人々が共有すべきである。

横山三四郎というあまり目立たない日本人学者が、なぜ、ここまで、正確にロスチャイルド家のことを集中的に調べて発表することができたのか。このことについても私は考えた。

きっと世界的なロスチャイルド家の研究をする人々の学会（学界）のようなものが存在

したのだろう。それに資金援助をしている団体が、どういう人々かまでを私たちは考えるべきである。私は、この横山三四郎という、真面目だが、裏のある感じのする学者が書いた、新書『ロスチャイルド家　ユダヤ国際財閥の興亡』を使って、このあとの話も続ける。

この本に表れるロスチャイルド研究の成果の上に乗りながら、ロスチャイルド家の全体像を説明していこうと思う。そうすることが便利だからだ。かつ日本人の読者の為《ため》になるからだ。この土台とする本の上に、接ぎ木するように私の視点を加えて、日本国民にとっての、より偏《かたよ》りのない明確な本物の「ロスチャイルド家の全体像」を概観したい。これが私の主眼である。

ものごとは、大きく幹《みき》となる部分を初めに説明して、そのあと次第に枝となる細部の説明に至るべきだ。それで簡潔な大きな理解に到達する。このことが、「意欲的に知識を習得する」ということだ。大きな幹を理解しないならば、瑣末《さまつ》で小さな出来事や、たいして重要でない人物たちの人名の海に溺《おぼ》れてしまって、「欧州ロスチャイルド家の全体像」が分からなくなってしまう。

主要な34人の人物（像）について、説明し、それから枝となるそれぞれの細かな話を加える。そうやって、幹（全体の骨格）に枝葉をつけてゆこう。

そうすることで、読者の一人ひとりが、自分の頭の中に、「自分なりのロスチャイルド家の全体像」を作ることができる。

第1章 ロスチャイルド家の誕生

ヨーロッパを支配した富の始まり

「宮廷ユダヤ人」としてのロスチャイルド

――ロスチャイルド財閥はいかにして成立したか

宮廷ユダヤ人とは何か？

1 マイヤー・アムシェル・ロスチャイルド（1743〜1812年）がロスチャイルド財閥のファウンダー、すなわち創業者である。

フランクフルトのゲットー*で金融業を始めたのは、20歳のときである。

当然、このマイヤー・アムシェルの前にも、欧州各国にはすでに有力なユダヤ人の金融業者たちが存在していた。

何もロスチャイルドだけが初めから、ヨーロッパ全体の金融業を大きく支配していたわけではない。

ヨーロッパの大都市の王家や大公《たいこう》（アーチデューク《タックスコレクター》。国王とほぼ同格）の宮廷に出入りしていた金融業者（両替商《りょうがえしょう》）や税金徴収人たちの歴史を、まず理解しなければならない。

＊ゲットー　中世のヨーロッパ諸都市に設けられたユダヤ人の強制居住地区。ユダヤ人弾圧の象徴だが、キリスト教支配が及ばない一面もあった。

ロスチャイルド財閥の創業者 マイヤー・アムシェル

Mayer Amschel Rothschild（*1743*〜*1812*年）

1

マイヤー・アムシェル・ロスチャイルド（1743〜1812）は、ロスチャイルド財閥の創業者である。フランクフルトのゲットーで、金貸し・両替商の家に生まれる。金融業の傍ら、古銭のカタログ販売も行ない、熱心な蒐集家であったヘッセン公（国王）の王太子ヴィルヘルム（次期国王）の知遇を得る。1769年に宮廷御用商人となり、その後の繁栄の基礎を築いた。

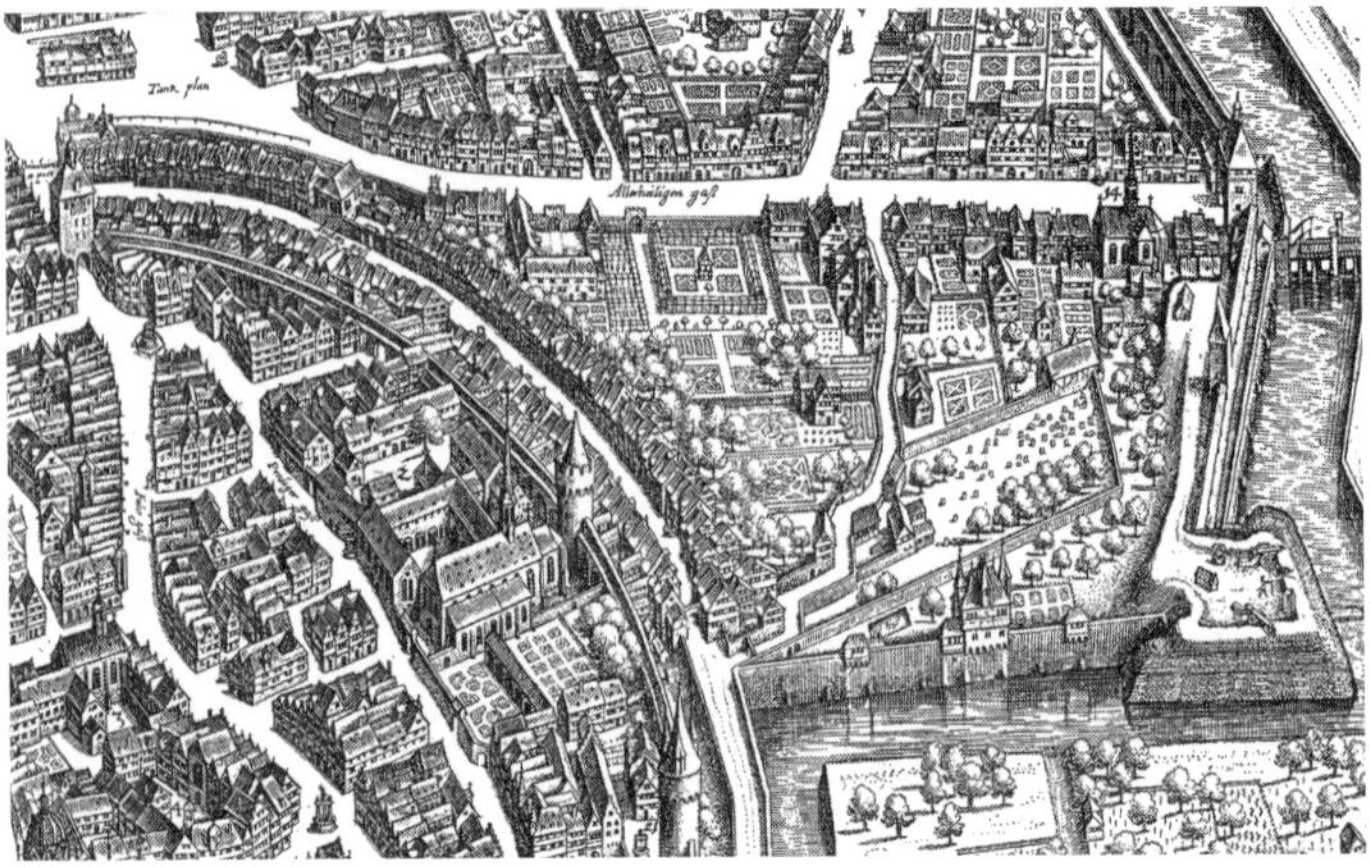

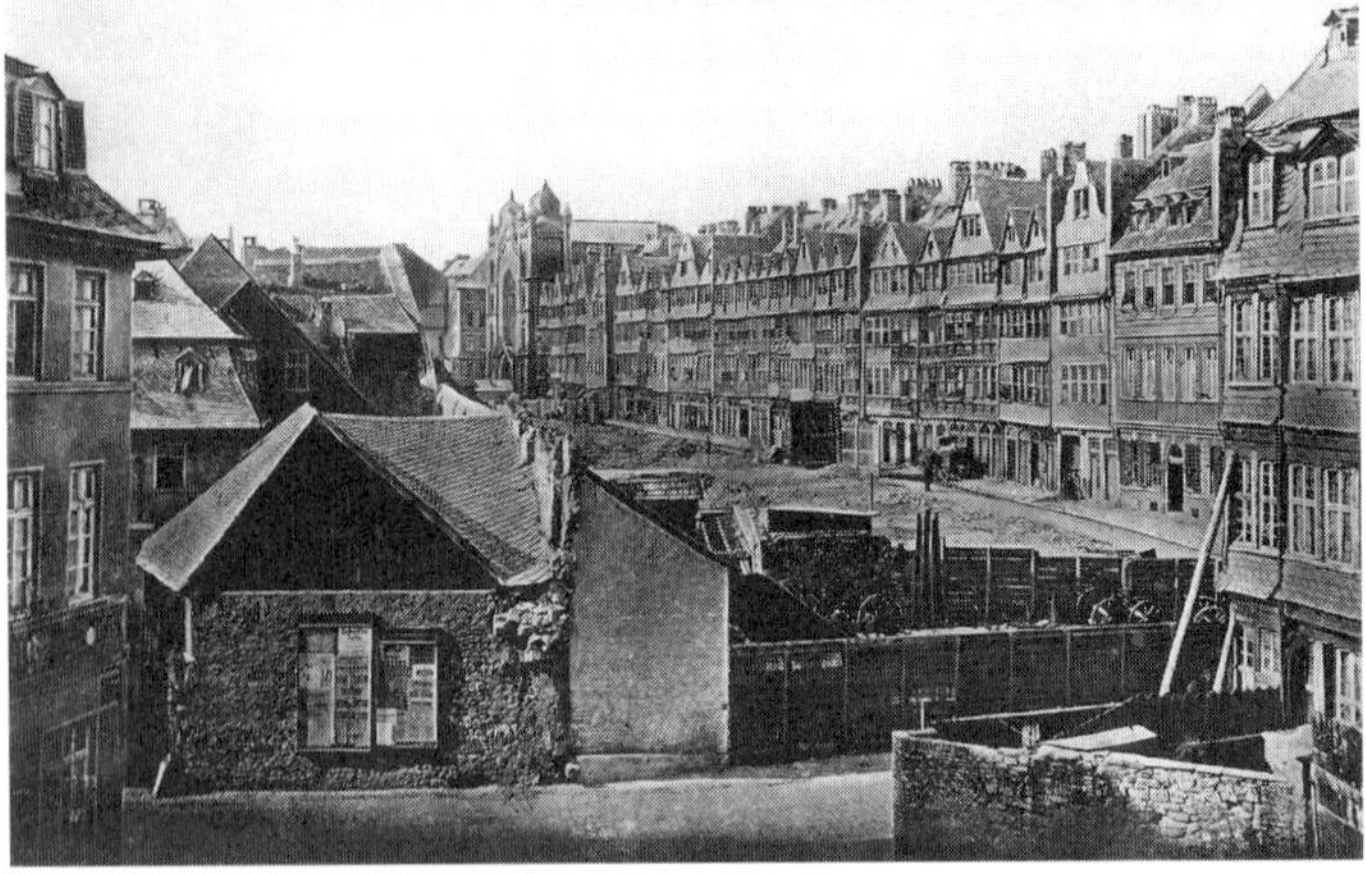

フランクフルトのゲットー（ユダヤ人隔離居住区）は、1462年から1796年まで神聖ローマ帝国の帝国自由都市フランクフルト・アム・マインに置かれていた。フランクフルト旧市街地の壁と、新市街地の壁の間の狭い地域に作られた。ユダヤ人がキリスト教社会に同調しないとして嫌われたためである。フランクフルトのユダヤ人人口が増えるにつれ、過密状態となり、下水溝の掃除が追い付かず悪臭を放ち、衛生状態が危機的な悲しい歴史を秘めた場所である。

彼らは「宮廷ユダヤ人」court jews《コート　ジューズ》と称された。国家権力と結び付いたユダヤ人の金融業者たちである。

王様に軍資金を用立て

ヨーロッパ各都市で、宮廷ユダヤ人として貴族化した金融家たちが出現したのは、17世紀からだ。やがて、ザクセン公国やプロイセン王国が興り、ロスチャイルド財閥が宮廷ユダヤ人の中で目立つ存在となった。

彼らはヨーロッパ諸国の国王《モナーク》たちに、軍資金を用立て、国家相手の金融業で世界を動かすことになる。国王たちは、「王の蔵《フィナンス》」という自分の財宝の蓄えを持っていた。このフィナンス（王の蔵《くら》）から、現在の財政《ファイナンス》（finance）というコトバが生まれたのである。国王たちは、多くの宮廷従者や、兵隊を養わなければならないから、国庫《こっこ》（フィナンス）の資金は常に不足し、戦争のための軍資金も必要だった。

王様という残虐《ざんぎゃく》な人間は戦争が大好きだ。宮廷ユダヤ人たちは王様に、「王様。戦争をしたいでしょう。戦争をして、あの国を取りにゆきたいでしょう。王様、どうぞ戦争をしてください。必要なお金（資金）は私めがなんとか用立てしましょう。そのかわりその借金証書（ワラント）を書いてください」と言って、言葉巧みに資金を貢《みつ》いだ。

この時、王様たちが書いて発行した、宮廷ユダヤ人への借用証書、借金証書が、現在の国債《こくさい》なのである。

今の言葉でいう国債（ナショナル・ボンド）そのものだ。国家の借金証書である。そしてどうせこのお金は民衆から取り立てなければ済まない。

徴税請負人としての宮廷ユダヤ人

案の定、王様たちはその借金を返せない。どの国も借金地獄である。そこで宮廷ユダヤ人たちは、王様に次にこう囁《ささや》いた。「王様。お金はお貸ししました。でもそのお金は、私めに返さなくていいです。そのかわりに、新しい税金の項目（税目《ぜいもく》）をつくってください。そして、その新税を国民（王様の臣民《しんみん》。サブジェクトたち）から取り立てる権限を、どうか私めに与えてください。そうしたら、私が、立派に税金として取り立てます。それで、王様にお貸ししたお金は、返済してもらったことにしますので」と言ったのだ。

そうやって何と借金証書を王様の目の前で燃やしてみせた。「なんという忠臣よ」と王様たちは感激した。借金で苦しむ王様たちは泣いて喜んだ。このようにして宮廷ユダヤ人たちは徴税請負人《ちょうぜいうけおいにん》にもなった。

金融ユダヤ人たちは、こうやって、各国の国民を、借金の奴隷にしたのである。今の中央銀行《セントラルバンク》がやっていることも同じだ。お札（紙幣）を政府にせびられて、最後は国民を大借金状態にする。

歴史的にユダヤ人といえば「因業《いんごう》金貸し業」を営んでいたというイメージだけが強い。だが、それよりさらに徴税請負人としての残酷な役割を担ってきた面が重要なのだ。

過酷な税金の取り立て

王様（国王）から、徴税人の権限を与えられた宮廷ユダヤ人たちは、民衆から過酷な税金の取り立てを行なった。

貧しい庶民、農民たちの家に押し入って、隠している小麦や金品を穀物倉から引きずり出した。泣き叫ぶ農民たちを殴りつけ、蹴倒しながら、穀物やお金を無理やり奪い取った。

日本史でいえば、受領《ずりょう》や地頭《じとう》*たちがやったことだ。日本でもヨーロッパでも、どこの国でも同じだ。この地頭たちが後《のち》に武装した大名《だいみょう》になっていった。

***受領や地頭**　共に土地や農民などを管理した。受領は平安時代に、任国で政務を執行した最上席の国司職。地頭は鎌倉・室町時代に荘園・公領に設置された職。

現在の私たちも同じである。毎月の税金の源泉徴収《げんせんちょうしゅう》（給料からの有無を言わせぬ「天引き」の制度）の過酷《かこく》さこそは、世の中の本当の大きな中心であり実体《サブスタンス》だ。この人類の真実の歴史をこそ、私たちは見つめるべきだ。

ユダヤ人が憎まれた本当の理由

ヨーロッパの市民層《シチズン》（富裕層）や農民たちの苦しみの中心は、常にこの税金の厳しい取り立てに原因するものである。

だから、ユダヤ人に対する憎悪がヨーロッパ各国の一般民衆にわき起こり蓄積された。シェイクスピアの『ベニスの商人』のシャイロックや、ディケンズの『クリスマス・キャロル』のスクルージーや、ドストエフスキー『罪と罰』の金貸し婆さんどころの話ではない。ユダヤの阿漕《あこぎ》な高利貸し程度のことで、ヨーロッパの民衆が、ユダヤ人をあれほど憎悪し迫害したのではない。ユダヤ差別はここから生まれた。

だからフランス革命勃発後に、徴税請負人たちが革命政府の標的にされた。たとえば〝近代化学の父〟と呼ばれた化学者で、徴税請負人でもあったアントワーヌ・ラヴォアジエ（1743〜1794年）も、このとき、断頭台に送られて処刑されている。

金融情報のネットワーク

――ロスチャイルド財閥の5兄弟

初代マイヤーと5人の息子たち

❶マイヤー・アムシェルはフランクフルトに住み26歳のとき（1769年）に、両替商（マネー・チェインジャー）としてヘッセン大公国（プロイセン王家と兄弟分《ぶん》）の王太子ヴィルヘルム9世（のちの選帝侯ヴィルヘルム1世）から宮廷への出入りを許された。そして、ヴィルヘルム9世の財政・徴税担当者となって、1800年前後に財閥となって浮上する。

初代マイヤーには、5人の息子がいた。ここからは「陰謀論」が大好きな読書人たちがよく知っている話である。「創業者のマイヤー・アムシェルが、5人の息子を、それぞれヨーロッパの主要な5つの都市に住まわせて、〝金融情報のネットワーク〟を築いた」という例の話である。この話だけは、皆よく知っている。そしてこれしか知らない。

ヴィルヘルム9世（1743〜1821）は、ヘッセン大公国の王。1803年から1821年まで在位。

この5人の息子たちが、いったいこのあと、何をやったのか、ということになると、もう分からない。名前さえ知らない。

西洋史の歴史学者たちでさえ、「ユダヤ陰謀論など私は信じないが、ロスチャイルド家の説明だけはする」というように、「客観」を装って、この「創業者の5人の息子たち」のことを書いて、自分の蘊蓄《うんちく》を披露する。そして、それでおしまいだ。あとは何も書かない。彼ら5人の息子たちの、その後と、それぞれの家（家系）が、どのように続いたかを知るべきだ。そこで私がこの「5人の息子たち」のことを説明してゆく。

ヨーロッパ主要都市に拠点を築く

長男の❷アムシェル・マイヤー・ロスチャイルド（1773〜1855年）は、父を継いで創業の地である北ドイツのフランクフルトに留まった。創業者で父マイヤー・アムシェルの名を、ひっくり返した「アムシェル・マイヤー」と名乗って生きた。

だが、アムシェルには子供がいなかった。だからドイツのフランクフルト本家の家系は、2代目で途絶えた。それでもロスチャイルド家の女系の血筋が*、ゴールドシュミット（英語読みならゴールドスミス。金細工《さいく》師の意味）の名でフランクフルトで活動している。一部がイギリスに移り住んで本書P20のケイト・ミドルトンの母方のゴールドスミス家につながっている。

創業者の次男の、❸サロモン・マイヤー・ロスチャイルド（1774〜1855年）は、帝都ウィーンに派遣された。当時のウィーンは、ヨーロッパの中でもひときわ華《はな》やかな大都市で絶頂期にあった。パリと繁栄を二分した。サロモンは、当時の強国（帝国）であったオーストリア＝ハンガリー二重《にじゅう》帝国（ハプスブルク家）の宰相《カンツエラー》メッテルニヒと繋《つな》がり栄えた。それでもこのヨーロッパ中央（中欧・Mittel Eurropa《ミッテル・オイローパ》）の帝国は、東からオスマン・トルコ（イスラム教の帝国）の圧迫を受けて次第に衰退した。

あとの歴史から考えると、ウィーン・ロスチャイルド家はハプスブルク家と共に滅びた。

***女系の血筋**　ロスチャイルド家の家訓により家業の金融業は男子しか継承できず、女子の配偶者の関与も認められなかった。

5兄弟の“金融情報のネットワーク”は有名な話

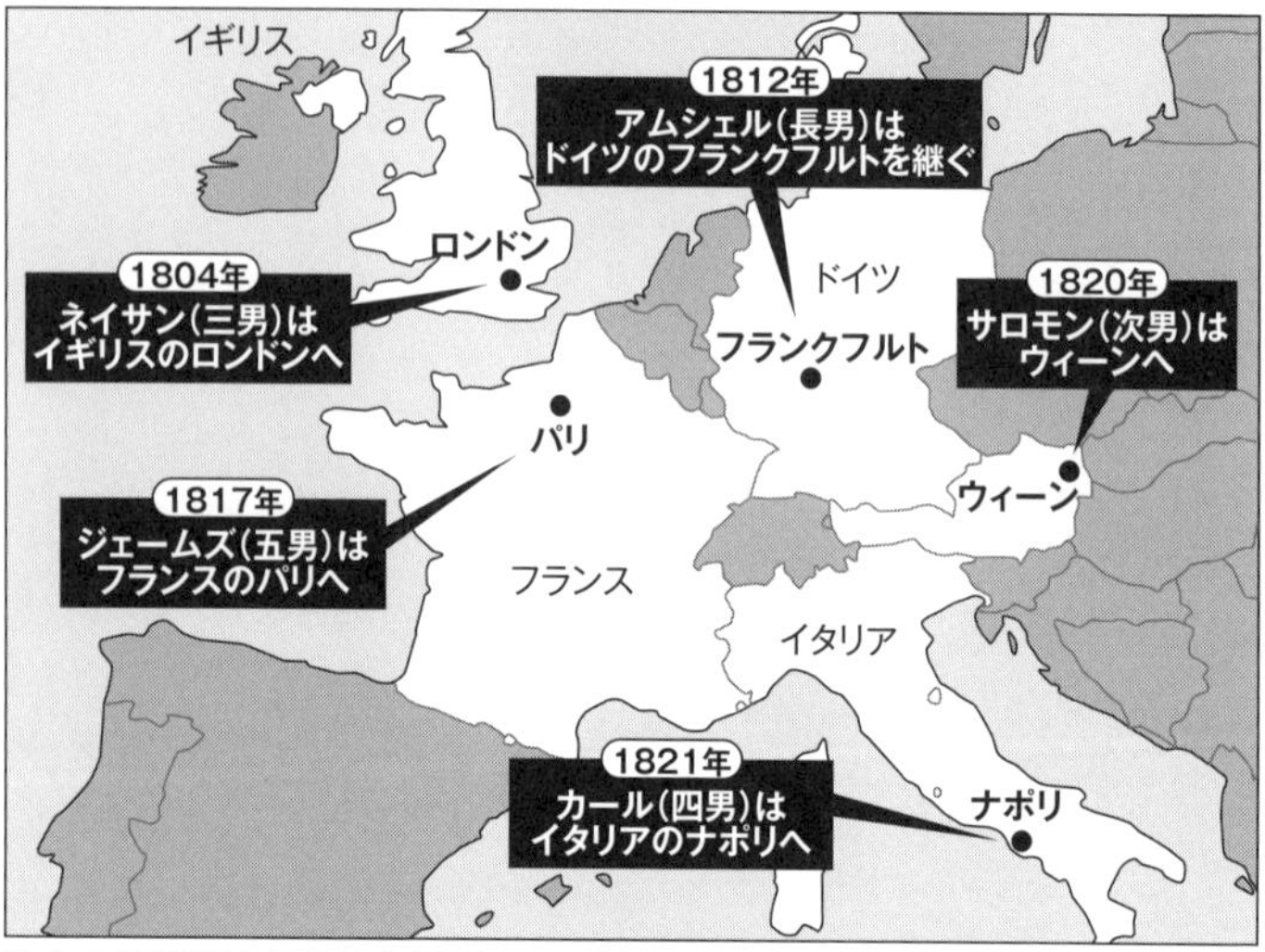

独自の郵便網や伝書鳩を活用して、欧州にネットワークを築いた。交通の要所や、主要都市ごとに専任のスタッフを常駐させた。

創業者の三男の**4**ネイサン・マイヤー・ロスチャイルド（1777〜1836年）は、ロンドンに居を構えた。このネイサンが、大《おお》立者《だてもの》で、やがてロンドン分家なのに大きなロスチャイルドの主流、本流をつくっていく。香港の九《きゅう》龍《りゅう》の大通りの彌敦道《ネイザンロード》にも名が残っている。

19世紀のロスチャイルド家は、こうしてロンドンを中心に大英帝国（ブリテッシュ・コモンウェルス）を金融で支える世界財閥となった。

やがて、ロンドン家が、ロスチャイルド家全体の当主となる。フ

フランクフルト家の後継者

長男

アムシェル・マイヤー

Amschel Mayer Rothschild（*1773*～*1855*年）

2

アムシェル・マイヤー・ロスチャイルド（1773～1855）は、マイヤー・アムシェルの長男。フランクフルト本家の後継者である。父の死後、母のグトレとともにゲットーで暮らしながら、父から移管された大公国の財務管理を続けた。子供がなかったため、フランクフルト本家の血筋はこの2代で途絶えた。その後は、女系の血筋ゴールドシュミット（ゴールドスミス）財閥の名で、フランクフルトで活動する。

ウィーン家の創業者

次男

サロモン・マイヤー

Salomon Mayer Rothschild（*1774〜1855*年）

3

サロモン・マイヤー・ロスチャイルド（1774〜1855）は、マイヤー・アムシェルの次男。ウィーンのロスチャイルド家を創設した。オーストリア帝国の宰相メッテルニヒに取り入り、皇帝ハプスブルク家の金庫番となる。同業者を駆逐し、オーストリアで独占的な地位を築いた。

ロンドン家の創業者

三男

ネイサン・マイヤー

Nathan Mayer Rothschild（*1777～1836*年）

4

ネイサン・マイヤー・ロスチャイルド（1777～1836）は、マイヤー・アムシェルの三男。ロンドンのロスチャイルド家を創設。ワーテルローの戦い（1815年）で、ナポレオンの敗退の報をいち早くつかむと、まず英国債を暴落させて、直後に底値で買い占めた、“ネイサンの空売り”で知られる。

創業者と5人の息子たち

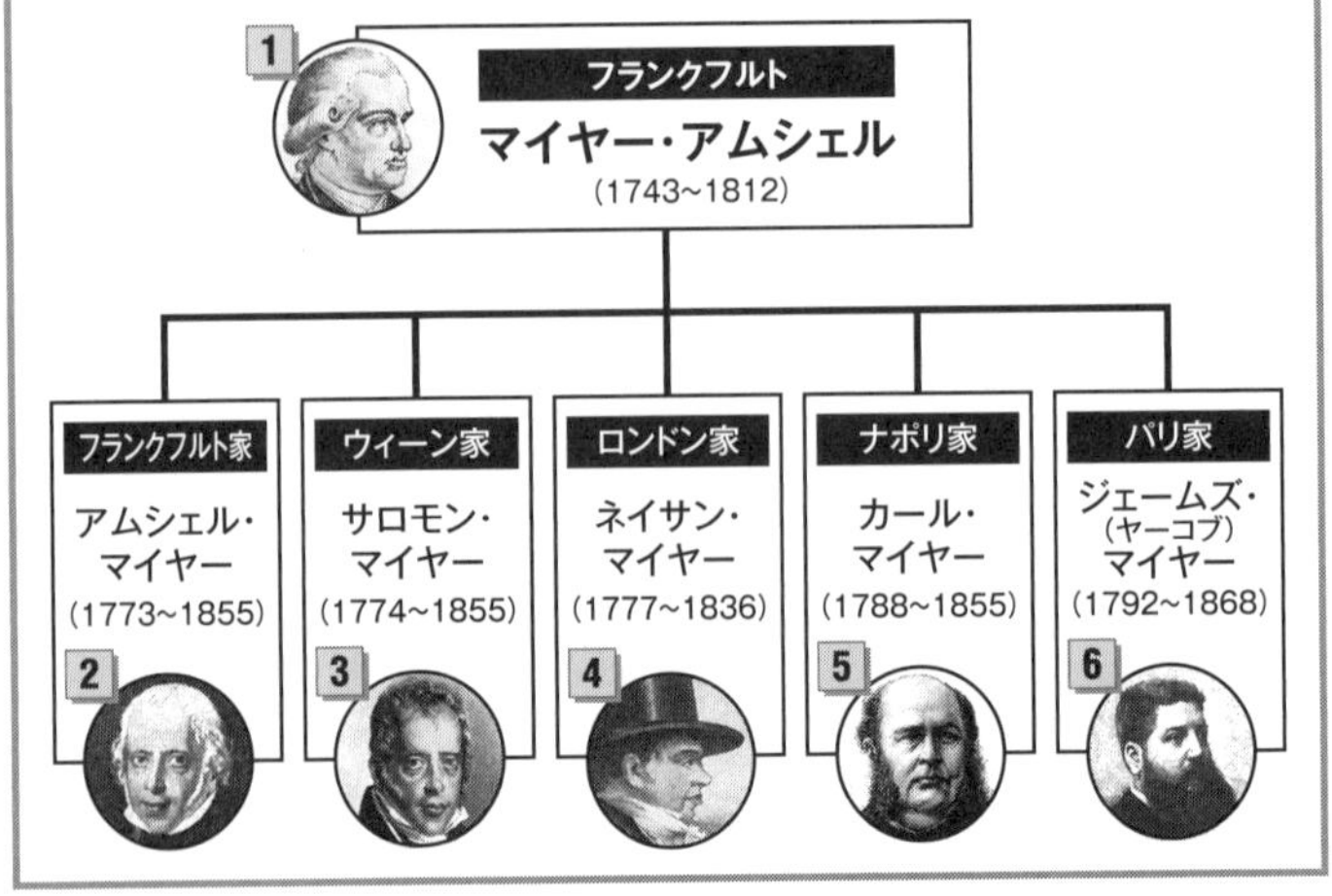

ランクフルト創業家が（表面上は）途絶えた以上は、ロンドン家が、「ロンドン本家」と呼ばれるべきだろう。私がこのように決めた。だが、この呼び名は、日本ではまだ確立していない。私もまだどう呼ぶべきかで迷っている。だからこのあともロンドン家という言葉を使う。

　以後、「NM《エヌエム》」というコトバが、ロスチャイルド財閥系の銀行や企業の名として多用される。それはこのロンドン家初代のネイサン・マイヤー Nathan Mayer の頭文字のN.M.の省略表現《アブリビエイション》である。

　四男の**5**カール・マイヤー・ロスチャイルド（1788〜1855年）は、オーストリア帝国（ハプスブルク王家）が支配していた当時のイタリアの南の大都市ナポリ

ナポリ家の創業者

四男

カール・マイヤー

Karl Mayer Rothschild（*1788*～*1855*年）

5

カール・マイヤー・ロスチャイルド（1788～1855）は、マイヤー・アムシェルの四男。ナポリのロスチャイルド家を創設。1821年に、ナポリ公債の発行を引き受けた際に、欧州主要国の通貨すべてと換金可能にして、国際金融市場初の試みを大成功させた。

パリ家の創業者

五男 ジェームズ(ヤーコブ)・マイヤー

James Mayer Rothschild(*1792〜1868*年)

6

ジェームズ(本名はヤーコブ)・マイヤー・ロスチャイルド(1792〜1868)は、マイヤー・アムシェルの五男。パリのロスチャイルド家を創設。"鉄道王"として知られる。その時々のフランスの権力者と手を結び、打ち続く政変を乗り切る手腕を見せた。しかし、ナポレオン3世とは激しく対立した。そして勝った。

を任された。

当時のナポリは、イタリア最大の商業都市である。カールは、イタリア全体の金融を取り仕切った。ナポリ家はやがて途絶える。

末息子の五男の❻ジェームズ・マイヤー・ロスチャイルド（1792〜1868年）はフランスのパリを拠点にした。このジェームズ（本名は、ヤーコブなのだが、イギリス式にジェームズと名乗った）が開いたパリ家も大きく繁栄して現在も続いている。

ジェームズは、ロンドン家のネイサン・マイヤーに負けず劣らず優秀だった。商才もあり戦略《ストラテジー》も持っていた。フランス全土に鉄道網を敷いた。

テンプル騎士団の正統の嫡子
——金融情報のネットワークの元祖とは?

テンプル騎士団とは何か?

1 マイヤー・アムシェルは、この5人の息子たちにヨーロッパの大都市を各々任せて「金融情報のネットワーク」を築いた。

このロスチャイルドの欧州金融ネットワーク(為替と地下鉄行《ちかぎんこう》のネットワークでもある)は、古く遡《さかのぼ》ると、1119年誕生のテンプル騎士団(シオン修道会*の下部組織として生まれた)のネットワークを模倣《もほう》したものである。

テンプル騎士団(The Order of Templars《ジ・オーダー・オブ・テンプラーズ》)とは、エルサレムのソロモン王の宮殿(神殿、temple《テンプル》)があった丘に砦《とりで》・城を築いて占領した騎士《ナイト》(本当は従卒。平民《へいみん》)たちから生まれた結社で、ローマ法王から公認された平《ひら》信徒の集団である。だから Knight Templars《ナイトテンプラーズ》 と今も呼ばれる。

***シオン修道会** 1099年にエルサレムで結成された秘密結社。シオンの丘のソロモン神殿にあるとされた聖杯を発掘し、保護することが目的であった。

ロンドンに今もあるイングランド国教会のテンプル教会

12世紀後半に、テンプル騎士団のイングランド本部として建てられた。円形の教会で、内部に中世騎士の姿をかたどった肖像墓がたくさん安置されている。映画『ダヴィンチ・コード』のロケ地になった。

十字軍 Crusaders《クルーセイダーズ》 は各国の王や貴族たちが、ローマ法王の命令のもと、聖地エルサレムの奪還・占領のために出征した。それに志願兵として従軍した熱烈な兵卒たちがテンプル（神殿）騎士団である。現在の「国連平和維持活動」（PK《ピーケイ》O《オウ》。独裁的な反抗国家への軍事鎮圧と強制執行をすること）もこの流れである。

為替の仕組みをつくった

重要なことは、テンプル騎士団が、金貸し業をやっていたことである。在家《ざいけ》の信徒の集まりであるから、卑しいとされたのでお金を扱っても構わなかったのである。そして、ヨーロッパ中の各都市に、為替のネットワークを持った。

テンプル騎士団が全欧州に張りめぐらせたネットワークは、たとえば次のように機能した。

商人や職工（石工《メイソン》）たちが仕事を頼まれて旅行するときに、現金を持って移動すると当時は大変危険だった。それで手ぶらで行って、行った先々の都市で、生活費（現金）を手に入れることができるように、そのために「為替《かわせ》」exchange《エクスチエンジ》の仕組みをつくった。テンプル騎士団は、金貸し業と同時に、為替業もやっていたのだ。為替は、外国送金（レミッタンス。ファンド・トランスファー）とも呼ばれるが、実際の現金の送付はしない。すべて、現地での信用の連鎖による、資金の用立てである。日本も江戸時代に三井《みつい》家がこれをやった。

銀行業は、毎日の帳尻《ちょうじり》を合わせるだけで、本当に移動する現金量は、ものすごく小さいのである。国際金融とは、為替の仕組みそのものを指す。

現在は、外国為替公認《こうにん》銀行（江戸時代は両替商）という法律で、厳しい国の認可制になっている。この銀行の信用力が国際金融をつくっている。決して現金が移動するのではない。現金は、まったく移動しないし、実際に送ることもしない。

日本でいえば「お講」のこと

テンプル騎士団＝シオン修道会、というのは、日本でいえば、「お講《こう》」のことだと理解すべきだ。

「お講」は、日本に古くからあった。平安時代から室町時代に吉田神道系が「愛宕山《あたごやま》信仰」という名で商人たちの信用創造《しんようそうぞう》をした。江戸時代には富士山を見に行く講があって「富士講《ふじこう》」という。

東京（江戸）には、いまでも公園やお寺に、築山《つきやま》（富士塚。石で築き上げた小山）が残っている。それらの山の上に立つと、昔は本当に、富士山が見えた。これが富士講といって、岩をごろごろ集めて積み重ねた、高さ10mほどの小山で、これで、富士山に登ったことと同じ御利益があると当時は人気を集めていた。ここで資金を融通《ゆうづう》し合った。

富士山信仰を、名目にしてこういう「お講」を作った。

これも立派な秘密結社であって、きっと、そこではかなり親密な「寄り合い」が行なわれただろう。

ここに無尽講《むじんこう》というものが生まれた。無尽《むじん》とはみんなでお金を出し合って、くじで当たった者が、そのお金を使える制度だ。

これが日本における銀行業の発生だ。多くの人が秘密で集まって、お金を出し合って、困っている人、あるいは一番ほしがっている人に貸すということをした。ここで金利《きんり》が生まれる。こういった集まりが「講」である。この無尽講が銀行業の始まりなのである。かつての相互《そうご》銀行は全て「〇〇無尽」であった。

お金を融通し合うだけではなくて、資金をプールして必要な人に貸し与えることをした。これがやがて独立した業者となっていった。大きな板（バンコ）の上に硬貨を並べて取引したので、ここから銀行（バンク）となった。日本人も中世からテンプル騎士団と同じ制度・仕組みを持っていたのである。

皆殺しとなったテンプル騎士団

テンプル騎士団は、全欧州に、資金の為替（信用流通）の金融ネットワークを築いて、繁栄した。

テンプル騎士団の騎士（ナイト）というのは、軍人とか侍《さむらい》という意味ではない。騎士とは、ほんとうは従者、軍属のことである。足軽《あしがる》階級であって農民だ。

皆殺しにされたテンプル騎士団

1314年、パリ・シテ島の刑場で火刑に処せられるテンプル騎士団最後の総長ジャック・ド・モレー(1244〜1314)。国王フィリップ4世と、ローマ教皇クレメンス5世を呪いながら死んでいったと伝えられる。国王と教皇は、この年に2人とも相ついで急死した。

一斉に逮捕されたテンプル騎士団員たちは、異教の偶像崇拝を行なった理由で、次々と皆殺しにされた。

軍事用のロジスティックス（兵站《へいたん》、物資輸送）の雑役一切を担当した特殊な人々である。

フランス王フィリップ4世*が彼らの秘密の行動に怒った。フィリップ4世は、1291年に（第9次）十字軍で負けて帰って来たあと資金に困った。大借金を抱えていた。そこで自分が立てた傀儡《かいらい》の新ローマ法王と共に、緊急の勅令を出して、突如1307年10月13日に、欧州の主要都市で、一斉に、テンプル騎士団員を逮捕し皆殺しにした。この日が、〝呪われた13日の金曜日《フライデイ・サーティーンス》〟である。

フィリップ4世をはじめ多くのヨーロッパの国王、諸侯たちは、テンプル騎士団から、巨額の借金（国債を引き受けてもらうこと）をしていた。この政治弾圧で国王たちは、「国家の借金苦」（累積した財政赤字の返済の苦しみ）から、一旦は逃れられたのである。

一斉の集団皆殺し（マサカー）に遭ったあと、テンプル騎士団の生き残りたちは、地下に潜った。そして密かに、商業活動、金貸し業で、やがてユダヤ商人として純化していく。

このテンプル騎士団の為替の仕組みや情報ネットワークの作り方を、ロスチャイルド家の初代マイヤーと5人の息子たちが真似《まね》して引き継いだのである。

***フィリップ4世**　フィリップ3世と最初の王妃イザベル・ダラゴンの子（1268〜1314年）。王の在位期間は1285〜1314年。美男王（le Bel、ル・ベル）と呼ばれた。

全欧州の金融ネットワーク

この「ネットワーク」なるコトバの恐ろしさは、現在の私たちにも、少しずつ分かってきた。ネットワークを持つ者たちが、世界を支配するのである。現在は the Deep State「ディープ・ステイト」（裏に隠れた影の政府）と言う。これが権力者共同共謀（コンスピラシー）の現代版である。必ず大きなお金（金融制度）の問題がからまる。

ロスチャイルド家は、シオン修道会＝テンプル騎士団が７００年かけて築いた全欧州の金融ネットワーク（為替による信用制度）を、引き継いで大きく隆盛した。だからロスチャイルド家は〝テンプル騎士団の正統の嫡子〟なのである。

ナポレオン体制との戦い
——反ナポレオン同盟としてのロスチャイルド家

ロスチャイルド家はナポレオンの敵

ロスチャイルド家が、各都市にネットワークを築き上げた1800年前後は、ヨーロッパ全体がナポレオンの体制であった。

フランス大革命の「遺産」を引き継いで登場した軍人のナポレオンは、本当に、実力で、ヨーロッパ皇帝になった（1804年）。ハプスブルク家は、ナポレオンによって、神聖ローマ帝国を消滅させられた。以後は、小さくなってオーストリア＝ハンガリー二重帝国を名乗った。1799年からヨーロッパ全土に進撃したナポレオンに対抗して、イギリス、ドイツ、スペイン、イタリア、それからロシアも激しく戦った。戦いの中からそれぞれに国民国家《ネイシヨン・ステイト》の意識が生まれた。

この時のフランスは本当に世界最大の繁栄を誇っていた。対フランス、対ナポレオン同

ロスチャイルド家の宿敵
フランス皇帝
ナポレオン・ボナパルト
（1769～1821年）

『書斎におけるナポレオン』（ジャック・ルイ・ダヴィッド画、1812年）。ロスチャイルド家は、反ナポレオン体制の諸国に加担した。もともとプロイセン王国（第1ドイツ帝国）の出入りの両替商であり、宮廷ユダヤ人だったからである。

盟を構築した諸国を相手にしても、一国で戦えるぐらいの強大な国だった。

ロスチャイルド家は、すでに出来ていたドイツ帝国（プロイセン王国。ドイツ人のホーエンツォレルン家*系の王家が築いた）の出入りの両替商、宮廷ユダヤ人であるから、ドイツの反ナポレオン諸国同盟の動きに加担していた。

ロスチャイルド家は、反ナポレオン体制（ウィーン体制）で成立したのである。ヨーロッパの覇者（本当に自力で一代限りのヨーロッパ皇帝にまでなった）ナポレオンからしてみれば、王家連合を金融で助けるロスチャイルド家のユダヤ商人連合こそは自分の真っ正面の敵であった。

三男坊のネイサンの活躍

ナポレオンが完全に打ち破られたのが、1815年の「ワーテルローの戦い」である。創業者❶マイヤー・アムシェルと、三男坊の❹ネイサン・マイヤー（ロンドン分家の創業者）は、ナポレオンと文字通りの死闘をしている。

イギリス王家の金融・財政面を支えたネイサンは、アーサー・ウェルズリー（初代ウェリントン公爵）が率《ひき》いる英国軍の反ナポレオン連合軍の軍隊に、自ら馬車で軍資金を運ぶ

＊**ホーエンツォレルン家**　ブランデンブルク選帝侯、プロイセン王、ドイツ皇帝を輩出した名門一族。始祖は南西ドイツのシュヴァーベン地方の貴族とされる。

アーサー・ウェルズリー(1769〜1852)は、初代ウェリントン公爵。ナポレオン戦争で軍功を重ね、1815年のワーテルローの戦いで、ついにナポレオンのフランス軍を打ち破った。“鉄の公爵” Iron Duke の異名を取り、軍人として陸軍元帥、政治家としては2度首相を務めた。

ワーテルローの戦い(Battle of Waterloo)の様子。1815年6月18日、ナポレオン率いるフランス軍7万2000に対し、アーサー・ウェルズリー指揮の英蘭連合軍6万8000及びフォン・ブリュッヘル指揮のプロイセン軍5万が挑んだ、ナポレオン戦争最後の戦闘である。ベルギーのブラバン・ワロン州ワーテルローの近郊で行われた。ラ・ベル＝アリアンスの戦いともいわれる。ナポレオンはこれに敗れて、終焉の地セントヘレナ島に流された。6年後に死。ロンドンのテムズ川にかかるウォータールー橋(Waterloo Bridge、1817年完成)は、この勝利にちなんで付けられた名称である。

という危険なこともやった。

「ワーテルローの戦い」でナポレオンに勝利するウェリントン公爵のイギリスの軍隊は、このとき秘かにスペインに上陸し、ここから今のベルギーのワーテルローまで移動した。その兵站《へいたん》（物資の輸送《ロジスティックス》）をロスチャイルド家が請け負ったのだ。現在の軍需《ぐんじゅ》会社である。

フランクフルトの父親から指令を受けたネイサン・マイヤーが、馬車に乗って命をかけて資金を届けた。まだヨーロッパ大陸を支配していたナポレオン軍の検問でつかまってしまったら殺される。ロスチャイルド家は、そういう危険を冒して勝ち抜いていったのである。戦争には当然、謀略《ぼうりゃく》と諜報《ちょうほう》（スパイ活動）が付く。

反キリスト教の一族

ロスチャイルド家は簡単に言うと反《アンチ》キリストである。彼らは、ユダヤ教から改宗したカトリック教徒だったり、改宗しないままのユダヤ人だったりする。

マイヤー・アムシェルの四男坊5カールが、ローマを避けてイタリアの古い商業都市であるナポリを拠点にしたのも、中心都市のローマが、ローマ法王のヴァチカンのおひざ元だったからである。しかしこのナポリのロスチャイルド家*は、この後、途絶えた。

***ナポリのロスチャイルド家**　1860年にカールの次男でナポリ家を継いだアドルフ（1823～1900年）がイタリアの革命から逃れてフランクフルトへ移住し消滅した。

女系の筋は、オーストリアやスイスやイタリアの主要都市に今も残っているのだろうが、男系としてのハッキリした姓名では残っていない。

ロンドン家とパリ家以外は没落

もともとの創業の地のフランクフルトのロスチャイルド家（旧本家）も、前述したとおりさっさと2代目で男系としては断絶している。

フランクフルトを任された長男坊の**2**アムシェルには子供がいなかった。彼は、1855年（ペリーの浦賀来航の2年後）に死んだので、ナポリ家の四男坊カールの長男のマイヤー・カール（1820～1886年）が、養子に入って、フランクフルト家を継いだ。マイヤー・カールが死ぬと弟のヴィルヘルム・カール（1828～1901年）が、さらに養子に入り、フランクフルト家の最後の当主となった。

そしてヴィルヘルムの娘のミンナ（1857～1903年）が、ゴールドシュミット家に嫁《とつ》いだ。このあとも女系は続いて、今も〝金融の都〟フランクフルトに、ゴールドシュミット（ゴールドスミス）財閥がある。前述したとおり、ケイト・ミドルトン（キャサリン妃）はこのゴールドスミス家の血筋である。

さらに、オーストリア＝ハンガリー帝国の首都のウィーンで活動した次男坊❸サロモンのウィーン家も、断絶する。

オーストリアは、今はすっかり小さな国だが、1916年まではヨーロッパにおける大国であった。さらに遡《さかのぼ》れば12世紀からのヨーロッパの唯一の帝国《エムパイア》である。神聖ローマ帝国の帝都がウィーンである。それに比べたらイギリスもフランスも王国にすぎないのであって帝権までは主張できなかった。私たちはこの重要な一点からヨーロッパを理解すべきなのだ。

世紀末ウィーンの芸術と文化

ヨーロッパで唯一、堂々皇帝を名乗れる家柄であるハプスブルク家の運命について考えなければならない。ハプスブルク家は重要だ。

ハプスブルク家から出た最後の皇帝フランツ・ヨーゼフ1世（1830〜1916年）は、1848年に即位して、1916年に死ぬまで、68年間ずっと皇帝だった。日本の昭和天皇の在位は62年間である。

しかし19世紀から、帝国は徐々に衰退し、解体されていった。文化と芸術の都でもあったウィーンは、「ウィーンの世紀末の退嬰《たいえい》と繁栄」と呼ばれる爛熟《らんじゅく》した芸術と退廃文化（高級娼婦たちの都）であり、作家のフランツ・カフカやワルツ曲『美しく青きドナウ』を作曲したヨハン・シュトラウスらが代表する。18世紀にはモーツァルトもベートーヴェンもウィーンにやって来て音楽家として成功した。パリでフランス革命が勃発した（1789年7月14日）とき、ウィーンも煮えたぎっていたのである。

繁栄の極致にありながらウィーンの都には年間1万人の捨て子があったという。まさしくバブル経済の頂点を突き抜けたのが、「世紀末の都　ウィーン」と呼ばれたオーストリア帝国である。

マリア・テレジアの時代

最後のオーストリア皇帝、フランツ・ヨーゼフ1世の祖父は、2代前の皇帝であるフランツ2世（1768〜1835年）である。このフランツ2世のとき、〝神聖ローマ皇帝〟の称号を自ら放棄して、オーストリアとハンガリーだけの二重帝国（Ausgleich《アウスグライヒ》）となった。

彼は生涯に、4回結婚した。その妻の一人に、ナポリ王国とシチリア王国が合併してできた「両シチリア王国」の王、フェルディナンド1世の娘であるマリア・テレジア（17

67～1827年）がいる。

彼女の名は、彼女の祖母である〝女帝〟マリア・テレジア（1717～1780年）にちなむ。この2人のマリア・テレジアは混同されやすい。〝女帝〟マリア・テレジアの娘が、マリー・アントワネット（1755～1793年）である。

マリー・アントワネットはフランス国王妃となって、フランス大革命で、ギロチンにかけられ、国王ルイ16世に次いで処刑台に消えた（1793年）。

宰相メッテルニヒと共に

オーストリア＝ハンガリー帝国の政治家として、ナポレオン時代以降を生き延びたのが、メッテルニヒという総理大臣である。

フランツ2世の時代に、宰相（カンツェラー）のメッテルニヒが、権謀術数《けんぼうじゅっすう》の政治を行ない、ウィーン家のサロモンは、このメッテルニヒと一緒に動き続けた。

この2人が権力を握るために仕組んだのが、1830年の「7月革命」である。

ところが、メッテルニヒは、18年後、1848年のウィーン革命（社会主義者たちの都市暴動）*によって追放される。それでウィーンのロスチャイルド家もほぼ潰れてしまった。

***ウィーン革命（社会主義者たちの都市暴動）** 1848年2月にフランスで勃発した2月革命が欧州各地に波及し3月革命となった。ウィーン革命もその一つ。ウィーン体制が崩壊した。

サロモンの邸宅も群衆や軍隊に襲撃され燃やされた。ロスチャイルドたちは命からがら国外に逃れた。

1850年に、サロモンの長男のアンセルム（1803～1874年）がウィーンに戻って、ロスチャイルド商会を再建した。

だが、アンセルムの時代には、ロンドン家やパリ家のような力はもうなかった。ウィーン家は、1855年のサロモンの死と共に、徐々に衰退していったのである。ウィーン家の血筋は細々と続いたが、1938年のナチス・ドイツによるオーストリア併合のとき途絶えた。

サロモンと共に動いたメッテルニヒ

クレメンス・フォン・メッテルニヒ(1773～1859)はオーストリアの宰相である。外相であった1810年に、ナポレオンとマリー・ルイーズの結婚の仲介役となるほどナポレオン寄りの姿勢であった。だが、モスクワ遠征失敗後のナポレオンの退潮をみて、反ナポレオンに転じた。ナポレオン戦争の後始末と、その後の体制を巡って開かれたウィーン会議を主宰し、ウィーン体制(勢力均衡と、反革命的正統主義によるヨーロッパ国際秩序)を成立させた。1822年に、皇帝フランツ1世を介して、サロモン・マイヤー・ロスチャイルドとその兄弟に男爵位を与え、ロスチャイルド家を貴族とした。

近代世界史の臍《へそ》

だから、ロスチャイルド家の全歴史の中では、残された三男坊❹ネイサンが創設したロンドン家と、五男坊❻ジェームズが創設したパリ家が重要になってくる。ロンドン家のネイサンとパリ家のジェームズ。この2人を中心に、このあとはロスチャイルド家の全体像を見ていかなければいけない。それが、近代世界史を理解する上での臍《へそ》の部分である。

第2章

ロスチャイルド家の世界覇権

大英帝国の黄金期とヨーロッパの繁栄

欧州バブル時代とロスチャイルド家

――19世紀に繁栄したロンドン家とパリ家

ロンドン家とパリ家が中心に

前章で「ロスチャイルド家の創業者の5人の息子たち」の概要を説明した。

ここまでなら、よく知られている話だ。たいていの物知りは知っている。ところが、このあとの、ロンドン家、パリ家の2代目以降の当主たちのことが判然としなくなる。ロスチャイルド家の家系図の全体図を飽《あ》かず眺めていても、たくさんの似たような人物名が続くので、あまりに複雑で混乱してしまう。

いくら「ロスチャイルド家の秘密を自分は知りたい」と強く思っても、家系図を眺めているだけで、何年かがすぐに経《た》ってしまう。いったい、誰が誰だか、ちっとも分からない。だから、実感を伴って、ロスチャイルド家の話が分かる日本人はいない。このように私は断言する。だから私がこの本を書く。

ロスチャイルド「ロンドン家当主7人」だけの家系図

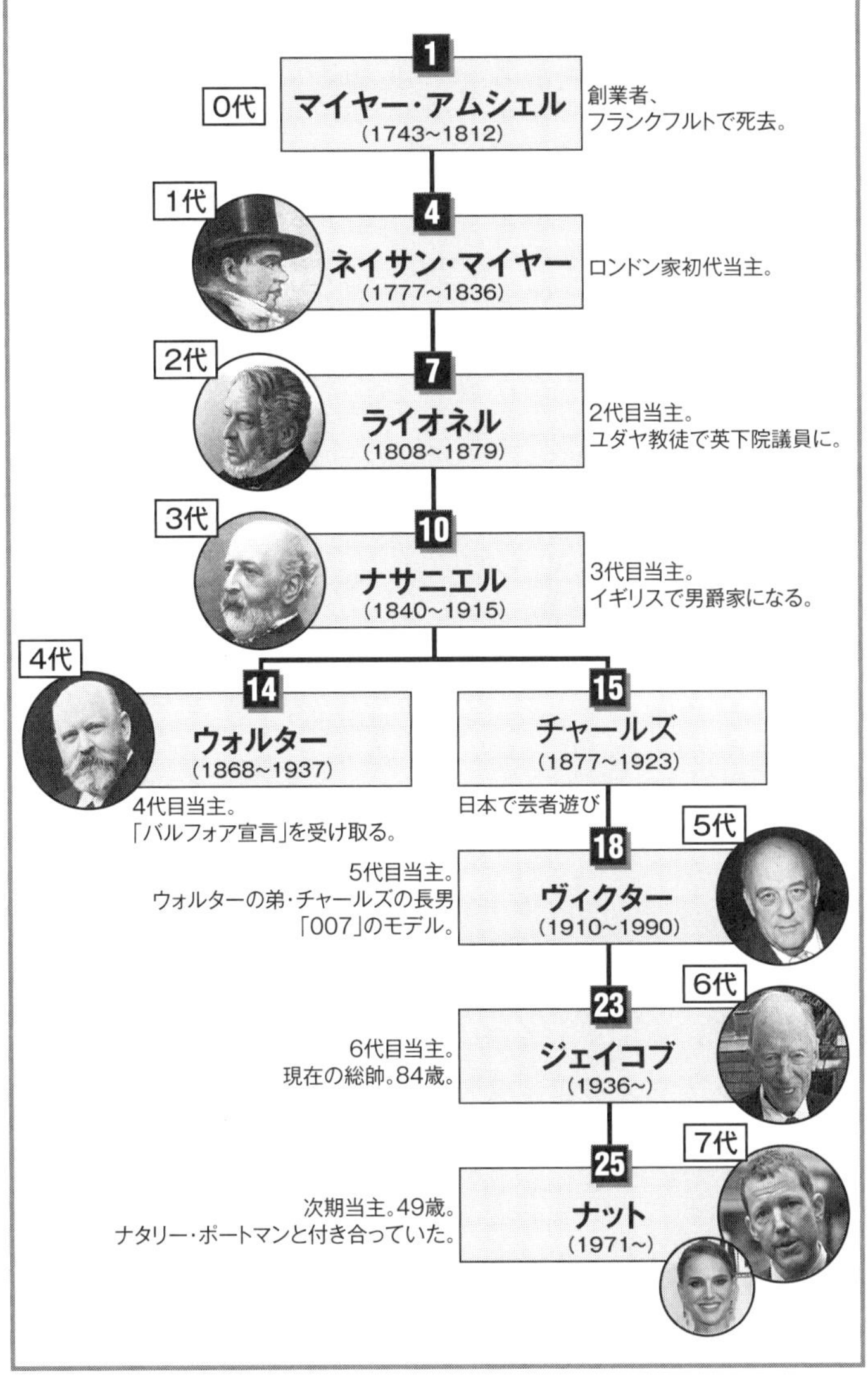

1
0代
マイヤー・アムシェル
(1743~1812)
創業者、
フランクフルトで死去。
4
1代
ネイサン・マイヤー
(1777~1836)
ロンドン家初代当主。
7
2代
ライオネル
(1808~1879)
2代目当主。
ユダヤ教徒で英下院議員に。
10
3代
ナサニエル
(1840~1915)
3代目当主。
イギリスで男爵家になる。
14
4代
ウォルター
(1868~1937)
4代目当主。
「バルフォア宣言」を受け取る。
15
チャールズ
(1877~1923)
日本で芸者遊び
18
5代
ヴィクター
(1910~1990)
5代目当主。
ウォルターの弟・チャールズの長男
「007」のモデル。
23
6代
ジェイコブ
(1936~)
6代目当主。
現在の総帥。84歳。
25
7代
ナット
(1971~)
次期当主。49歳。
ナタリー・ポートマンと付き合っていた。

フランクフルト本家が断絶している以上、このあとの欧州ロスチャイルド家の話は、代わって本流となったロンドン家の話を柱にしてゆくべきだ。

ロンドン家の歴代当主（首領）を、初代の4ネイサンから、現在の23ジェイコブ（6代目）、25ナット（7代目）に至るまで名前をしっかりとP91の系図で覚えてほしい。

同時に、ロンドン家と肩を並べて、現在も繁栄しているパリ家の、6ジェームズ（初代）から現在の22ダヴィド（5代目）そして次の6代目31アレクサンドル・ギー（現在40歳）に至る当主たちについてもP93の系図でしっかりと知るべきだ。

鉄道の時代が到来

大英帝国がナポレオンを最終的に打ち破ったのは、1815年だ。だからこのあと海軍力で地中海までもイギリスが制圧した。そして地中海にも侵入（進出）する。

1830年代になると、ヨーロッパは鉄道建設の時代に突入する。鉄道こそはロスチャイルドの最大の財源だったのである。技師のトーマス・スティーブンソンがつくった蒸気機関車《スチーム・ロコモティブ》と鉄道《レイルロード》という、まったく新しい産業技術による革命が起きた。1830年に鉄道が開通した。案外この鉄道革命を私たちは軽く考えている。歴史学者たちが自覚がな

ロスチャイルド「パリ家当主6人」だけの家系図

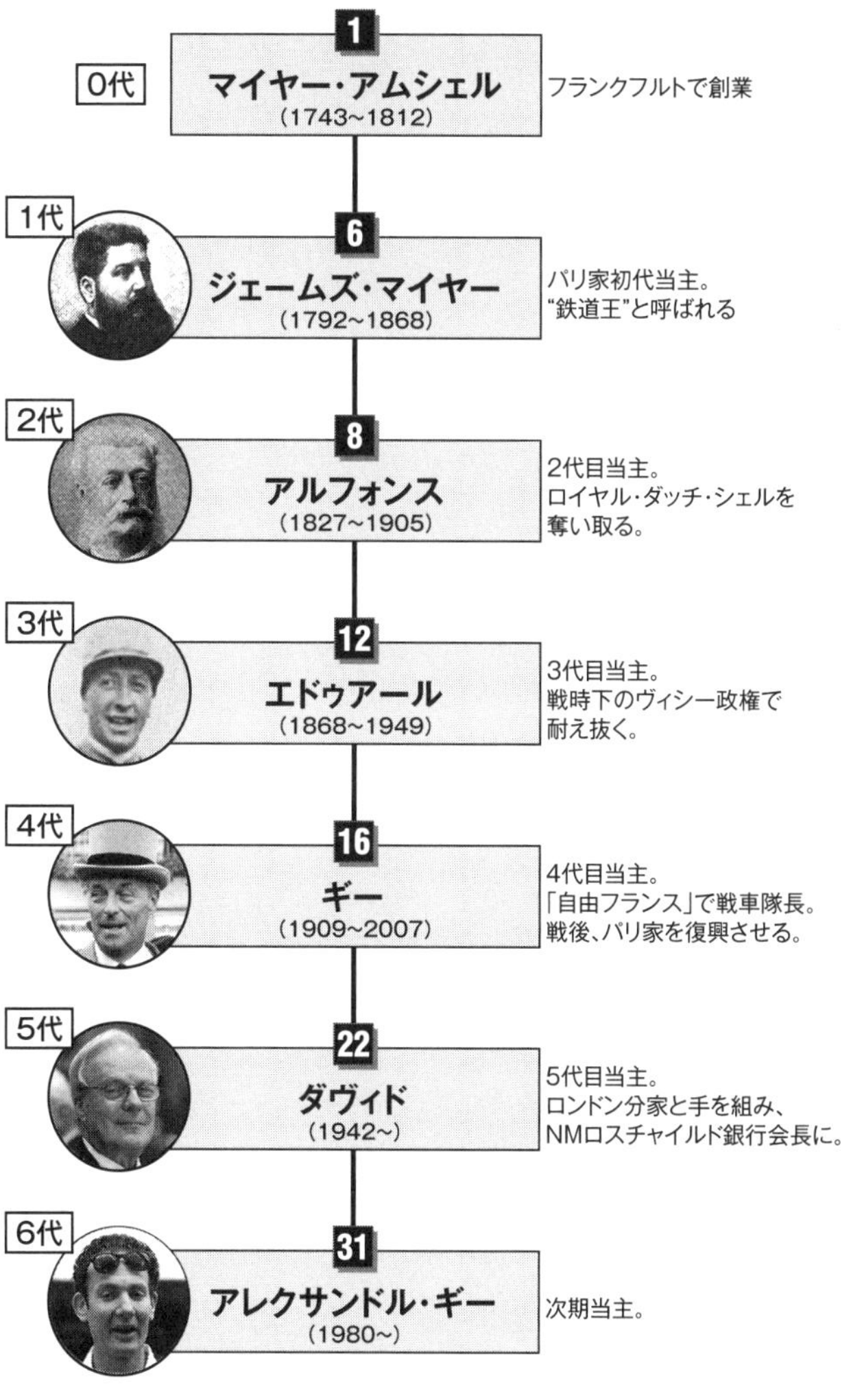

0代
1
マイヤー・アムシェル
(1743~1812)
フランクフルトで創業
1代
6
ジェームズ・マイヤー
(1792~1868)
パリ家初代当主。
"鉄道王"と呼ばれる
2代
8
アルフォンス
(1827~1905)
2代目当主。
ロイヤル・ダッチ・シェルを
奪い取る。
3代
12
エドゥアール
(1868~1949)
3代目当主。
戦時下のヴィシー政権で
耐え抜く。
4代
16
ギー
(1909~2007)
4代目当主。
「自由フランス」で戦車隊長。
戦後、パリ家を復興させる。
5代
22
ダヴィド
(1942~)
5代目当主。
ロンドン分家と手を組み、
NMロスチャイルド銀行会長に。
6代
31
アレクサンドル・ギー
(1980~)
次期当主。

い。鉄道はこのあと、一気に爆発的に敷かれてゆく。

1830年にイングランドの北西部のマンチェスターとリヴァプールの間に史上初めての鉄道が引かれた。

すると、ウィーン家の初代当主の❸サロモン・マイヤー（1774～1855年）が、鉄道というものの革命的な意味にすぐに気づいた。そして、この技術に飛びつき、早くも1835年にウィーンとボヘミアの間96㎞の鉄道事業に着工した。「フェルディナント皇帝鉄道」と呼ばれた。

サロモン・マイヤーは、オーストリア皇帝から、さらに鉄道建設の免許（特許状）をもらって、中欧（ミッテル・オイローパ）やイタリアやハンガリーにまで、どんどん鉄道を敷いていった。それが、1860年代から90年代まで続く。これが近代都市化を生んだ。1890年代には、重油機関車であるディーゼル・カーの時代が始まる。

パリ家の初代当主❻ジェームズ・ロスチャイルドは〝鉄道王〟と呼ばれた。

ジェームズは、はじめは鉄道の意義を認めなかったが、ほどなく、ものすごい力を持つことが分かった。すぐにジェームズは、パリから北のほうに延びる〝北方鉄道《レール・ド・ノルド》〟*の大鉄道網を建設していく。

欧州ロスチャイルド家は、鉄道事業によって、金貸し資本（王様たち相手の金融業）か

***北方鉄道**　1845年に設立された。翌1846年に大事故を起こしている。これが欧州で反ロスチャイルドの声が高まる一因ともなった。

ら産業資本に成長していったのである。当然、駅の周辺の土地が、激しく値上がりしていった。日本でいえば、それを逸《いち》早く知って倣《なら》ったのが、まさしく三井ロスチャイルド系の渋沢栄一《しぶさわえいいち》と小林一三《こばやしいちぞう》である。

株式投資市場の始まり

ヨーロッパ各国の民衆は、鉄道の時代の到来に熱狂的に同調した。この鉄道線路をヨーロッパの各地に、どんどん敷いていくための資金を広くヨーロッパ中の富裕層から集めた。

これが債券《ボンド》と株式（英語ではシェアあるいはステイク。米語ではストック）という投資・資金運用の大衆化の始まりである。

本格的に株式会社制度と有限責任《ゆうげん》という考えが広まっていった。有限責任（corporation コルポライツィオーン）の始まりは、17世紀の東方貿易のための船主たちの共同出資からだ。

ロスチャイルド家は、鉄道債券を一般国民（ただし富裕層と市民層）にまで公募して、売るようになった。それで、買った債券（株式でもある）が値上がりして大儲けする人々

北方鉄道の路線図(1853年)

パリからベルギー国境までを結んだ北方鉄道。フランスの北部地方とベルギーの鉱山資源の輸送用にも使われた。

6

パリ家初代当主

“鉄道王”ジェームズ

1830年代から、ヨーロッパに鉄道建設の時代が訪れた。パリのロスチャイルド家初代当主ジェームズは、パリから北に延びてベルギー国境とを結ぶ“北方鉄道”の大鉄道網を建設し、“鉄道王”と呼ばれた。鉄道事業は、ロスチャイルド家が、金貸し資本から、産業資本に成長する土台となった。

が現れた。それがお金儲けの欲ボケと、強欲《グリード》の行動となり、過熱して投機《スペキユレーション》となった。その挙句に、鉄道債券が大暴落することもたびたび起きた。

バブルとその破裂だ。いつの時代も変わらない。今もそうだ。パリとウィーンで、ヨーロッパの富裕層（大富豪や貴族ではない上層市民《シトワイヨン》たち）相手に売り出された。19世紀中ごろからのこの鉄道債券のブームが、実質的に欧米での株式投資市場の始まりである。株式仲買人《ストック・ブローカー》たちも出現した。

　このようなバブル経済が、１８５０年代からのヨーロッパ全体を覆っていたのである。ヨーロッパ全体の巨大な成長経済である。これが１９１４年の第１次世界大戦まで続いた。

ペレール兄弟との闘い

　この頃フランスは、ルイ・ナポレオンの時代である。

　ルイ・ナポレオンは、「ナポレオン3世」を名乗り、自分ではヨーロッパ皇帝のつもりであった。が、実際は、１８３０年のパリ7月革命で王位についた、前の国王ルイ・フィリップを謀略で追い出して、実権を握ったヘンな男だ。家柄ははっきりしない。それなのに、ルイ王家とナポレオン家の2つを名乗った。

1848年から権力を握りフランス国王となったこのナポレオン3世は、ロスチャイルド家があまりにも強力な政治力を発揮するものだから、ロスチャイルド家を激しく嫌うようになった。

ナポレオン3世は、ペレール兄弟を重用した。ペレール兄弟も、ユダヤ商人で、鉄道技術に大変詳しかった。

それで、パリで「クレディ・モビリエ銀行」（動産《どうさん》銀行。鉄道などの新しい産業に投資する銀行の意味）をつくって、必要な資金集めを債券（即ち株式）にして国民にも売って、熱狂的に歓迎された。

このペレール兄弟は、オーストリア（＝ハンガリー二重）帝国にも進出して、彼らの動産銀行が、帝国の国有鉄道の払い下げを獲得した。ここでナジ家という、ハンガリーの民族資本と組んだ。

これに対して、ロスチャイルド家は、反撃に出て、ペレール兄弟の発行する鉄道債券（株券）を暴落させる手口を使った。

ウィーン・ロスチャイルド家の初代当主であるサロモンの息子、アンセルムが「クレディート・アンシュタルト銀行」をつくって、ペレール兄弟に対抗して、全く同じ手口でウ

ロスチャイルド家と鉄道業で闘って負けたペレール兄弟

兄ヤコブ(上:1800〜1875)と弟イザーク(下:1806〜1880)の、ペレール兄弟。

ロスチャイルド家を嫌ったナポレオン3世は、同じくユダヤ商人で鉄道にも詳しいペレール兄弟を重用した。動産銀行を作って、オーストリアにも進出するまでに栄えた。だが、普仏戦争でナポレオン3世が敗れて、仏墺の戦時公債が紙屑となり、没落した。

1870年9月2日、普仏戦争の「セダンの戦い」でビスマルク（右）率いるプロイセン軍に包囲されたナポレオン3世（左）は、あっけなく投降し捕虜となった。フランス国民は怒り、ナポレオン3世は9月4日に廃位となった。この戦争で名を挙げたビスマルクも、実はロスチャイルド家に育てられた人物で、真の権力は持っていなかった。

ィーンで資金を集めた。

かつオーストリア＝ハンガリー帝国の国有鉄道の株式までも大量に買い集めた。これらの作戦を主導したのは、パリ家のジェームズと、ロンドン家の**7**ライオネル（2代目当主）である。

この頃、フランス国王ナポレオン3世は海外進出して、メキシコ遠征で資金を湯水のように使った。かつ、プロイセン王国（第2ドイツ帝国になる）と普仏戦争（1870年）までして敗れて捕虜になった。このプロシアとの戦争は、ロスチャイルド家に仕組まれて、ナポレオン3世が愚かにも手を出してしまったものだ。ビスマルクは国境まで鉄道を何本も引いて着々と準備していた。

プロシアとフランスの和平交渉は、パリ家保有の「フェリエールの館」*で行なわれた。このときのフランス側代理人が、パリ家2代目当主8アルフォンス（1827～1905年）だ。プロシア側代理人は、鉄血《てっけつ》宰相ビスマルクの財政顧問ゲルゾーン・フォン・ブライヒレーダーである。ブライヒレーダーは、フランクフルト家の息のかかった宮廷ユダヤ人で、ビスマルクは頭が上がらなかった。真実は家来《けらい》であった。

ナポレオン3世に加担しすぎたペレール兄弟は、フランスとオーストリア政府の戦時公債をあまりにも大量に引き受け過ぎて、破綻《はたん》した。それらはフランスの敗戦とともに紙クズとなって大損をした。

憎まれたロスチャイルド家

これらの鉄道債券や戦争国債は、現在の2007、2008年にアメリカのニューヨークで大暴落した不動産担保証券《モーゲージ・バックド・セキュリティーズ》（MBS《エムビーエス》）や投資信託《トラスト・ファンド》のバブル債券と非常によく似ている。

現在のクレジット・デリバティブ（credit derivative 金融バクチ商品）と、約150年前のヨーロッパの当時の鉄道公債は、まったく同じものである。

***フェリエールの館**　相続税対策で1960年代にフランス政府に寄贈された。ウィーン家の「ワドスドンの館」も同じく税対策でナショナル・トラストに寄贈された。

バブルは、必ず弾けるのである。妙な話だが、本当にバブルは弾けるのだ。弾けるまでは誰も気づかない。人間は思ったほど賢くない生物だ。自分も他の人たちと同じように、大儲けをしたいという欲ボケと妬《ねた》み根性で、投資して大損する。欲をかいた人々の行動は、いつの時代も、同じであり、これからもまた繰り返す。

ロスチャイルド家は、この時代にヨーロッパ各国の大衆から憎しみと妬みの対象となる。これが反ユダヤ感情（anti-semitism アンチセミティズム）となってヨーロッパ中に蔓《まん》延《えん》した。1890年代に、「ユダヤ陰謀論」がウィーンとパリで興った。

彼らが大富豪であり、国王や政治家たちまでも操《あやつ》って、自分たちの富をどんどん増やしていくことが、次第に人々に露見《ろけん》し、知られるようになる。

ロスチャイルド家に叩き潰された競争相手の金融業者や鉄道業者たちの恨みつらみもこれを増幅した。これがユダヤ商人、金融ユダヤ人への人種差別的な憎しみや反感となった。

戦乱のない平和な時代

重要な事実は、歴史を大きく見た場合、ナポレオン3世が失脚した（王政が壊れた）1

871年から、第1次世界大戦が勃発する1914年まで、約40年間にわたってヨーロッパ全土で大繁栄（大成長）が続いたことである。

全ヨーロッパは長い間、大きな戦乱のない平和な時代がずっと続いたのである。19世紀全体がヨーロッパ貴族と富豪たちにとっての大繁栄の時代だった。少なくとも、1871年の普仏《ふふつ》（プロシアとフランス）戦争のあとは、もう大きな戦乱はなかった。

それ以前の18、19世紀の200年間のヨーロッパの戦争にしてみても、小競り合いである。各国の国王たちの相続争いから生じた、いがみ合いや国境紛争である。それらは専《もっぱ》ら傭兵《マーシナリー》（プロの雇われ職業戦闘人間）たちによる、互いに手加減ありの小競り合いの戦争である。都市のそばの原野で行われた。都市に被害はなかった。

1870年代からずっとヨーロッパで起きていたのは、都市暴動だ。貧乏な庶民や労働者階級が生活苦や賃金の不満で、暴れ出す民衆革命（暴動）がたびたび起きた。しかし労働争議や民衆暴動程度では、ヨーロッパの富豪や王族たちは、たいして堪《こた》えない。すぐに鎮圧した。

宮殿や邸宅を焼かれたりしたら、大変なことだが、総体としては、ビクともせずヨーロッパの富豪（ユダヤ大商人）や貴族の大繁栄が続いた。ヨーロッパは、このように200年間のバブル経済（大繁栄）が続いたのである。私たち日本人が今、大きく理解しなければいけないのはこのことだ。

だから、ナポレオン戦争の終焉（1815年）から1914年（WWⅠ。第1次大戦）までの100年間、南仏のコートダジュール地方のニース、モナコ、カンヌなどに、ヨーロッパすべての大富豪や王族たちが、競って豪華な別荘を建てた。オペラハウス（歌劇場）を作った。海沿いに豪勢な建物が立ち並んだのである。

はじめに、この南仏の高級別荘地帯に豪邸を建て始めたのは、イギリス人たちである。「アングレイ」Anglaise と呼ばれる。ナポレオンを1815年に最終的に打ち破った後は、大英帝国は海洋帝国《シー・エンパイアー》であるから、地中海までもイギリスが支配したのだ。

この間《かん》ヨーロッパは平和で、各都市が火の海になるような大戦争はなかった。小さな戦争は専ら、ヨーロッパの列強《パワーズ》が植民地として次々に占領し支配していったアジアや南米諸国で起きた。

それらは、ヨーロッパ文明人が、職業軍人たちによる現地での原住民（日本民族を含む）相手の、〝土人〟を上から見下ろして行なう代理戦争だから、小競り合いである。日本の幕末・明治維新（1860年代）や日露戦争（1904、5年）もこれに含まれる。

ロンドン家と大英帝国の絶頂期

——金庫番となって世界覇権を支えた

金融街シティから議員に立候補

ロンドン家初代当主の4ネイサンは、富豪になったがユダヤ人として差別され続けた。次の2代目の7ライオネルは、ユダヤ差別に敢然と立ち向かった。英下院への挑戦もその一つだった。1847年、ライオネルは、ロンドンの金融街シティから立候補し当選した。ところが、ユダヤ教徒のライオネルは、議場で新約聖書での宣誓を拒否した。伝統的な貴族議員たちは激高し、彼が議席につくことを認めなかった。ライオネルは、旧約聖書（モーセ五書《トーラ》）での宣誓が認められるまで、立候補を繰り返し当選し続

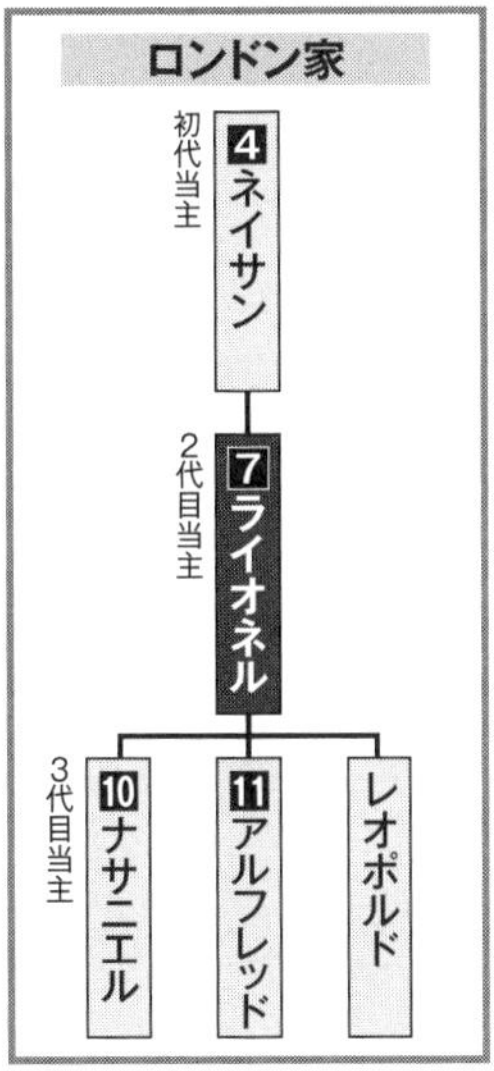

ロンドン家2代目当主

2人の宰相を操ったライオネル

Lionel de Rothschild（*1808〜1879*年）

7

ライオネル・ド・ロスチャイルド（1808〜1879）は、ロンドンのロスチャイルド家の2代目当主。ネイサン・マイヤー（NM《エヌエム》）の長男。父の興した銀行業を継承し、大きく育てた。1854年のクリミア戦争の時と、1875年のスエズ運河の株がフランスに買い占められそうになった時など、英国政府を金銭面で支援し、"ヴィクトリア女王の金庫番"と呼ばれた。

1858年7月26日、ライオネル（立っている3人の中央）が、英庶民院（下院。ハウス・オブ・コモンズ）に初登院し、議員たちに紹介される様子。当時、英国議会では、キリスト教徒としての宣誓（新約聖書による宣誓）を議員の義務と課していた。ユダヤ教徒は選挙で当選しても議員になれないと言われていた。1847年から、ライオネルは選挙で当選を続け、ついに1858年に庶民院は、ユダヤ教式宣誓とユダヤ人議員を認めた。彼はユダヤ人の後進に道を拓いた。

けた。そして11年後の1858年に議会側が折れた。

グラッドストーンとディズレーリ

ライオネルがイギリス下院議員となった頃のイギリス議会は、宰相《さいしょう》（総理大臣）はグラッドストーンとディズレーリの時代である。

グラッドストーン（自由党党首。リベラル市民の代表。だが相当に狡猾）と、ディズレーリ（保守党党首）が、互いにイギリス議会で争いながら、何十年にもわたって、交互に宰相《プライム・ミニスター》（首相）を務めた時代である。そして本当はライオネルが、この2人を大きく、裏から操った。

ディズレーリ首相は隠れユダヤ人《クローゼット・ジュー》であった。ディズレーリは、ライオネルが政治家として育てた人物だ。

ビクトリア女王は、特にディズレーリのほうを寵愛《ちょうあい》したといわれる。ということは、その背後で、ライオネルが動いて、ヴィクトリア女王に、巨額の資金を国家財政に貢いだ、ということだ。それほどの巨利をどうやって作ったかは今も真実は表《おもて》に出ない。

ライオネルの子分

ベンジャミン・ディズレーリ

ベンジャミン・ディズレーリ（1804〜1881）は、保守党、英国首相を2期にわたって務めたユダヤ人。英国史上唯一のユダヤ人の首相である。ライオネルとは、毎晩食事を共にするほど親しかった。実際にライオネルに政治家として育てられた人物であった。

ディズレーリと争った

ウィリアム・グラッドストーン

ウィリアム・グラッドストーン（1809〜1898）は、自由党、英国首相を4度にわたり務めた。多くの自由主義的改革を行ない、帝国主義に批判的であった。そのため、ヴィクトリア女王との関係は不和であった。イギリス国教会の信徒で、キリスト教に精神を完全に支配されていると言ってもよい人物である。

ライオネルの手厚い支援がなければ、隠れユダヤ人であるディズレーリが当時の世界帝国の首相にまでなれたはずがない。

大英インド帝国の誕生

このライオネルの時が、大英帝国（The《ザ》 British《ブリティッシュ》 Commonwealth《コモンウェルス》）の絶頂期だ。

19世紀の１００年間に、ロスチャイルド家は、ヨーロッパ各国で暗躍し、反対勢力を謀略で追い落とした。悪いことをたくさんした。世界中の途上国（日本を含む）を植民地や属国にして、相当に強引なことをたくさんやった。

世界中の途上国の政治と経済を裏から握って、それぞれの国の人々を苦しめた。インドのムガール王朝（帝国）を、１００年かけてじわじわと制圧し、ついに正式に１８５８年に滅ぼして、大英帝国の属領とした。こうやって「大英インド帝国」ができたのだ。

この、大英インド帝国のことを「イングリッシュ・エムパイア」「The English Empire」という。これは、「イングリッシュ（イギリス人）によって統治されている（インド）帝国」という意味である。

イギリス女王
ヴィクトリア

ヴィクトリア女王（1819〜1901、在位1837〜1901）は、ハノーヴァー朝の第6代女王、初代インド皇帝（在位1877〜1901）である。世界に植民地を持ち繁栄した大英帝国の絶頂期を象徴する人物で、その治世は「ヴィクトリア朝」といわれる。在位期間は63年7か月で、歴代イギリス国王の中でエリザベス2世に次ぐ2番目の長さである。

ヴィクトリア女王には、自分は世界一の大国の君主だという自負があった。そのため、ロシアとオーストリアとプロシアの君主が、自分を差し置いて「皇帝」Emperor 号を名乗っているのが気に入らなかった。また、娘ヴィッキーの嫁ぎ先であるドイツ皇帝家の代替わりが迫っており、自分より先に娘が Queen より格上の Empress「皇后・女帝」となると焦っていた。この理由から、ヴィクトリアはディズレーリに、「インド女帝」Empress of India 号を公式に名乗れるように指示した。1876年に描かれたこの風刺画は、インド人に扮したディズレーリが、王冠の他にインド女帝の帝冠をヴィクトリアに献上するさまを描いている。

この1858年にディズレーリが、ヴィクトリア女王に、'It's yours, Madame.'「マダム。これは（このインドという国は）あなたのものですよ」と言って差し出したら、ヴィクトリア女王は、一言、言ったという。Thank you.「ありがとう」と。

大英帝国の極東支配

この時代は、極東《きょくとう》Far East《ファー イースト》では、中国の阿片《あへん》戦争と、太平天国の乱の時代である。イギリスが、いろいろ阿漕《あこぎ》なことをして、計画的に戦乱を起こさせ、そして、まんまと中国を植民地にして暴利を貪《むさぼ》った。

この時から、中国は、イギリスその他の欧州列強《ヨーロピアンパウアズ》に分割されて支配されていった。中国にとって苦難の時代の始まりとなった。だから一番悪いのはイギリスなのだ。

同じく隣国の日本も、まさしく明治維新と呼ばれる日本の強制開国と、日本の「隠れたイギリス属国時代」である。形の上だけ日本は帝国を名乗った。

日本から金《きん》（小判）を流出させるなど恐ろしい手段を使って屈服させた本当の黒幕は、**7**ライオネル・ロスチャイルド卿だ。そしてその息子の**10**ナサニエル（第3代当主）だ。

他の列強国 powers《パウアズ》への遠慮で、イギリスは、日本を公然と属国にできなかった。が、日本は実質においてイギリスの属国となった。

実際に、日本の天皇は少年時代からイギリス式の教育を受け、昭和天皇はまさしくイギリス式の日本国王であった。今でも日本の皇室はイギリスびいきである。

スエズ運河を乗っ取る

ロスチャイルド家は、19世紀に大悪事をたくさん働いた。たとえば、ライオネルは当初、スエズ運河（1869年開通）の重要性を認めなかった。

フェルディナン・ド・レセップスというフランス人の技師が、世界的な思想で構想し計画して実行したこのスエズ運河を、最初はバカにして相手にせず投資もしなかった。

そのくせに、その重要性に気づくや、穢《きたな》い手法を使って、あとから運河経営権の株式を半ば騙《だま》しの手口を使って乗っ取っていった。

建設の資金不足に苦しんでいたレセップスやエジプト大公の足元を見て、株式を安価で買い占めた。

ロスチャイルド家の爵位
――ロンドン家3代目から男爵家となる

ハプスブルク家が持つ叙任権

ロンドン家の2代目の7ライオネルが、1858年に下院議員となって27年後の1885年に、3代目の当主の10ナサニエル（1840〜1915年）は貴族の爵位*を授けられて男爵になっている。

その前からロスチャイルド家の各国の当主たちを男爵に叙任したのも、ハプスブルク家である。どうもイギリス国王ではない。

ハプスブルク家は、1806年に神聖ローマ帝国をナポレオンにやめさせられて、〝オーストリア＝ハンガリー二重帝国〟とかなり小ぶりになった。それでもハプスブルク家（ウィーン）だけが、ヨーロッパ各国の貴族たちの叙任権を持つ、本当のヨーロッパの皇帝家なのである。

***貴族の爵位**　オーストリア帝国が、1822年にロスチャイルド5兄弟およびすべての嫡出男系子孫に対して男爵の称号を与えた。

初代男爵の3代目当主
ナサニエル

Nathan Mayer Rothschild（*1840〜1915*年）

ナサニエル・メイヤー・ロスチャイルド（1840〜1915）は、ロンドンのロスチャイルド家の3代目当主だ。英国において、初代ロスチャイルド男爵となった人物である。父ライオネルの極東戦略を引き継いで、日露戦争で日本を支援した。いや、やらせた。大番頭格のニューヨークのヤーコブ・シフに日本の戦時公債を引き受けさせた。

イギリスもフランスもドイツの諸侯たちもたかだか国王（あるいは大公）でしかない。ハプスブルク家系統の貴族の血筋の者たちが、今のＥＵ議会を主導しているそうだ。

男爵家となったロンドン家

ロンドン家2代目のライオネルにはまだバロン（男爵）の称号はついていない。イギリス社会の表面では、ユダヤ人であることはまだ蔑《さげす》まれることであって、公然とは、イギリス貴族たちの仲間入りはできない。

それでも100年前の1688年の名誉革命、権利章典の頃から、ユダヤ商人たちが、オランダからウィリアム3世（オレンジ公ウィリアム）と共に、イギリスに上陸して、イギリスのあらゆる市場を席巻《せっけん》している。

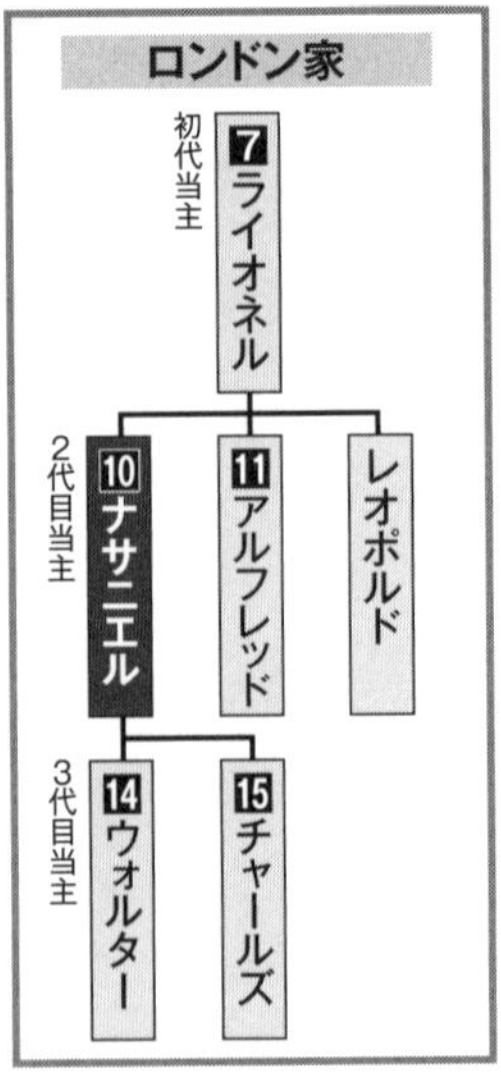

そして、イギリス貴族たちと政略結婚（閨閥《けいばつ》をつくる）してどんどん貴族の称号を身につけるようになった。

ナサニエルの代からロスチャイルド家は男爵家となった。男爵までは平民でもなれ

五爵と准貴族

	日本	イギリス	フランス	ドイツ
五爵	公爵《コウシャク》	Duke《デューク》	Duc《デュク》	Herzog《ヘルツォク》
	侯爵《コウシャク》	Marquess《マーキス》	Marquis《マルキ》	Margrave《マルグラーフ》
	伯爵《ハクシャク》	Earl《アール》※1	Comte《コント》	Graf《グラーフ》
	子爵《シシャク》	Viscount《ヴァイカウント》	Vicomte《ヴィコント》	——
	男爵《ダンシャク》	Baron《バロン》	Baron《バロン》	Freiherr《フライヘーア》
准貴族	准男爵《ジュンダンシャク》	Baronet《バロネット》	——	——
	士爵《シシャク》（騎士）	Knight《ナイト》※2	Chevalier《シュヴァリエ》	Ritter《リッター》

※1 "Earl"は男性伯爵（イギリスのみ）。女性伯爵は"Count"。 ※2 "Knight"は男性士爵。女性士爵は"Dame"。

る。

ヨーロッパの貴族制度は「公《こう》・侯《こう》・伯《はく》・子《し》・男《だん》」という。英語でいうと、上から順にDuke《デューク》, Marquess《マーキス》, Earl《アール》, Viscount《ヴァイカウント》, Baron《バロン》となる。

一番上の貴族は公爵《デューク》を名乗る。公爵というのは日本でいえば藩主クラスである。国王級の広い領土を持っていて、王様を名乗れる資格が、大公《アーチデューク》（国王の兄弟）とか公《こう》爵《しゃく》という位である。

男爵というのは平民がなれる最高の位だ。バロンというのはそもそもは平民出身という意味である。

准男爵《じゅんだんしゃく》（Baronet）に至っては本当に平民である。ライフタイム・ピア（lifetime peer）と言って、一代貴族《いちだいきぞく》という意味だ。

自分だけの一代だけの貴族だから、自分の子供には爵位は受け継がれない。

ビートルズの4人組は、女王陛下から准男爵の爵位をもらった一代貴族である。

准男爵で、サー（Sir）を名乗る人たちがいる。この人たちは日本でいえば、武士階級のような人たちである。

明治維新とロスチャイルド家

——ロンドン家もパリ家も日本に進出

徳川幕府も討幕派も操る

ロンドン家の❼ライオネル（1808～1879年）の長男で、3代目当主になった❿ナサニエル（1840～1915年）は、父親の教えをよく守り政策を引き継いだ。世界の各地域 regions《リージョンズ》への、大英帝国＝《イコール》ロスチャイルドの支配を順調に続けた。極東《ファーイースト》の日本と中国に対するロスチャイルド家の戦略も、大きくはロンドン家が握っていた。

それに対してパリ家は、それに正面から対決する勢力ではなく、それを補完する役割を果たした。

パリ家の❻ジェームズが、日本の徳川家（江戸幕府）を支援した。それに対して、ロンドン家は全く逆の戦略を取った。ロンドン家は、徳川幕府を打ち倒して新しい政府（政治体制）を日本につくらせようとした。

当時のロンドン家の2代目当主のライオネルは、日本の西南雄藩《せいなんゆうはん》と呼ばれる討幕派の「薩《さつ》・長《ちょう》・土《ど》・肥《ひ》」の4つの外様大名《とざまだいみょう》を裏から支援して操《あやつ》った。ロンドン家のライオネルが、伊藤博文《いとうひろぶみ》と井上馨《いのうえかおる》を日本の最高実力者になるように育て、日本を動かしたのである。

上海からやってきたユダヤ商人たち

幕末から明治維新にかけて日本を背後から操ったのは、上海の租界《コンセッション》からやってきたロスチャイルド系のユダヤ商人たち*である。

その少し前に日本を強制開国しに来たのは、1853、54年のマシュー・カルブレイス・ペリー提督（少将クラス）が率いたアメリカ海軍の遠征隊（エクスペディショナリー）である。

しかし、アメリカはこのあと1861年4月に始まった南北戦争（～1865年。内乱）のために、日本や中国など、アジア諸国の支配占領どころではなくなった。南北戦争というアメリカ国内の内乱《ザ・シビル・ウオー》で多くの国民が死んだ。兵士は両軍で70万人が死んだ。だから日本のことなどにかまっていられなかった。

その隙間を突いてイギリスのロスチャイルド系ユダヤ商人たちが上海から日本にやって

***ユダヤ商人たち**　ジャーディン・マセソン商会の横浜支店がその尖兵であった。長州五傑（井上聞多、遠藤謹助、山尾庸三、野村弥吉、伊藤博文）を支援した。

きた。イギリスはすでに中国をひどくイジメて占領していた（阿片戦争。1840～42年）。イギリスの柄の悪い商人たちが、1859年6月1日に日本の神戸や横浜に「5港開港」と同時に即座に上陸したのである。

〝隠された〟イギリス属国時代

前述したとおり、日本を強制的に開国させて、ジャーデン・マセソン商会などの大きな商館を建てて、金《きん》（小判）流出などの手段で日本を屈服させた本当の黒幕は、ロンドン家2代目当主のライオネルと息子で3代目当主のナサニエルである。

ライオネルが、伊藤博文と井上馨ら5人（長州ファイブ）をロンドンに呼び寄せて、教育して日本の最高指導者にした。

ライオネルの周りの人間たちが、伊藤博文たちをロンドンで育てて、いろいろ資金の援助をし、知識も与えて、やがて日本を支配管理させるための人材として送り返したのである。

こうして日本の「隠されたイギリス属国支配」が、幕末・明治維新から始まった。

伊藤博文たちは、明治時代になってから、ことあるたびに外遊して、ライオネルたちか

井上馨

井上馨(1836〜1915)は、長州出身、日本初代の外務大臣。幕末期は当初、尊王攘夷派だったが、1863年に"長州ファイブ"の一人として、伊藤博文らとともに英国に密航。渡英中に、国力の違いを悟って、開国派に転向。日露戦争前に、戦費調達に奔走し、ヤーコブ・シフとの交渉にも力を尽くした。

伊藤博文

伊藤博文(1841〜1909)は、長州出身、日本初代の内閣総理大臣。松下村塾で吉田松陰に学び、尊王攘夷派として活動した。1863年、"長州ファイブ"の一人として、井上馨らとともに英国に密航。渡英中に英国の発展を見て開国派に転向。開国後は内閣総理大臣を4回にわたって務めた。

ら「次は中央銀行をつくれ。その次は、憲法典だ」と命令されながら、日本の国家プランを実現していったのである。今でも伊藤博文は、なぜかNHKの大河ドラマの主人公にならない。

三井財閥とロスチャイルド家

ロスチャイルド家は、当時世界中の最高情報を握っていた。大きな意味ではまさしくそこが世界の最高司令部だったのである。その前はオランダが海外情報を集めていた。ロスチャイルド家にしてみれば、極東の新興国の日本国の場合は誰を抑えておけば、上手に管理できると、〝上からの目〟で全て見透していたのである。

ライオネルは「日本にはイギリスのような先進国の政治制度は似合わない。プロイセン（プロシア）ぐらいがちょうどいいだろう」と考えて、伊藤博文らにプロイセン（ドイツ）に行かせて憲法学者ルドルフ・フォン・グナイストとローレンツ・フォン・シュタインを紹介する。このグナイストにロンドンで家庭教師をしてもらって作ったのが明治憲法典である。

どうしても日本は欧米列強と並ぶ立派な近代国家のふりをしなければいけなかった。こ

『帝国万歳憲法発布略図』1889年（明治22年）、揚州周延画

のために、小身の男たちが明治天皇以下無理に無理を重ねて、ドイツ・プロイセン式の軍服に身をつつみ、芸者あがりの奥さんたちにローブ・デコルテを着せて、精一杯努力した。

それがあの1889年2月11日「憲法発布の日」の絵（『帝国万歳憲法発布略図』）である。

このように大きく考えると、世界史と日本史がつながっていることが分かる。

そして幕末に上海からやってきたロスチャイルド家とさっさと組んで、日本の金融を動かす財閥となっていたのが三井財閥である。

越後屋（今の三越デパート）＝三井商店（三井総本家）は、江戸時代を通じて、両替商、為替業で、すでに日本最大の金融資本であった。

日本の為替や両替は、まさしく三井財閥が握っていた。たとえば江戸の三井の商店の窓口で、「50両を、大坂に住む誰それに払ってくれ」と伝えたら、手数料を5両とか取られて、大坂の三井の窓口で受取人が45両を受け取る仕組みだった。

両替商は双方の間の借用（信用《しんよう》という）を取り持った。実際に50両を飛脚が運んだわけではない。これが為替の仕組みだ。ロスチャイルド家が欧州全体に張りめぐらした、前述した金融情報のネットワークと同じである。

三井は、質屋業と金貸し業、為替業で大きくなっていったのである。前述した愛宕《あたご》信仰のお講《こう》はロスチャイルド家と全く同じ成り立ちをしている。

だから日本では三井がロスチャイルド家の勢力となった。そして「政友会《せいゆうかい》」系の政治家たちを金の力で動かしたのである。だから伊藤博文と井上馨の2人は、三井＝ロスチャイルド家の総代理人であった。

それに対して、大阪の住友は、別市《べっし》銅山から始まった鉱山業である。住友はドイツ・ロスチャイルドであるジーメンス（シーメンス）社と繋《つな》がった。

伊藤と井上の時代が終わった後の、ちょうど入れかわりの時期に日本の三井＝ロスチャイルド家の総代理人になったのが、高橋是清《たかはしこれきよ》と松方正義《まつかたまさよし》である。

ロンドン家3代目当主のナサニエルが、高橋是清や松方正義に、一所懸命あれこれ教えた。

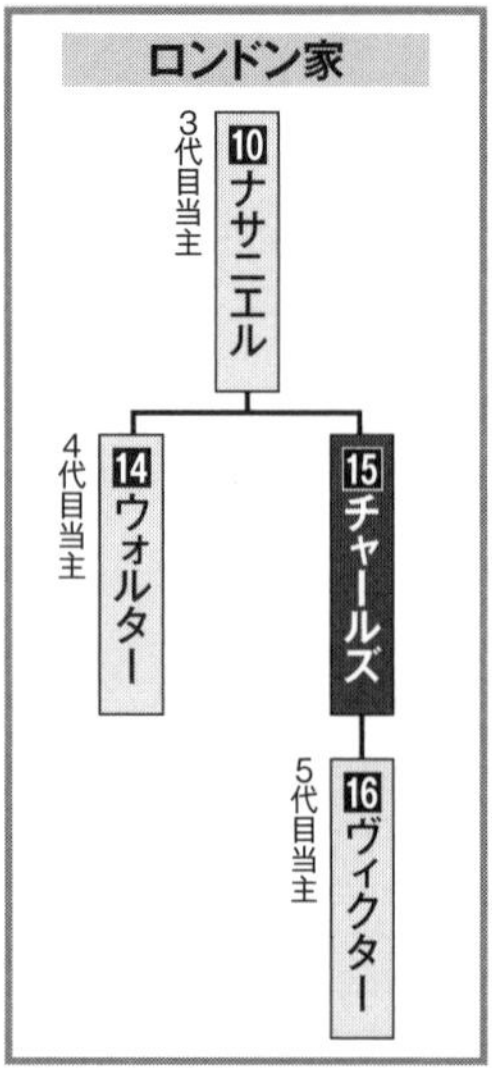

そして１９０４年にロシアとの戦争（日露戦争）が起きる。高橋是清と松方正義は、この戦争の軍資金を獲得するためにロンドンで奔走した。

このとき、極東でのロスチャイルド家（すなわち大英帝国）の権益を守るために、１０００万ポンドの資金を提供した。日本政府が発行する戦時公債（国債）を引き受けたのが、ナサニエルである。

ナサニエルは、自分の代理人として、息子（次男。ロンドン家４代目当主の弟）の15チャールズを日本に送り込んで情勢の視察をさせている。日露戦争の前年（１９０３年）のことである。このチャールズが、京都で芸者たちと遊んでいる写真が残されている。

日本へ、実際に資金を出したのは、当時すでにニューヨークの大手金融業者であったクーン・ローブ商会（英語ではキューン・ローブと発声する）のヤーコブ・シフだ。彼は、ロスチャイルド家のアメリカにおける大番頭格であった。

「アメリカに行け」と言われて、このヤーコブ・シフに会いに、高橋是清が、日露戦争の軍資金を調達するためにニューヨークに行った。なぜなら、ライオネルは、当時、ロシア

1903年に来日したチャールズ

Nathaniel Charles Rothscjild（*1877〜1923*年）

15

⑮ナサニエル・チャールズ・ロスチャイルド（1877〜1923）は、ロンドンのロスチャイルド家、第2代ロスチャイルド男爵⑭ライオネル・ウォルター・ロスチャイルドの弟である。動物学研究の名目で、1903年に来日。1923年、スペイン風邪罹患がきっかけで精神を病み、自殺した。

1903年、来日時のチャールズが芸者遊びをする様子。「日本は天国だ」と書いた手紙を出している。『DEAR LORD ROTHSCHILD』（ミリアム・ロスチャイルド著）より。

領のカスピ海のバクー油田の開発に投資していたので、ロシア政府に睨《にら》まれたくなかったからだ。

イギリス政府とイングランド銀行も、日本国政府の国債、すなわち国家の借金証書の引き受け（アンダーテイク）に保証を与えた。大英帝国はロシア帝国の極東での拡張を望まなかったからである。代わりに日本にロシアと戦争をさせたのだ。

国家・大企業レベルの金融業

今に伝わっているエピソードがある。宮澤喜一《みやざわきいち》氏が若い大蔵官僚の頃、池田勇人《いけだはやと》首相の随行員として、1961年にヨーロッパで日本国債の引き受けを依頼しに行った。

このときに、日本側が「明治時代に日本政府がロスチャイルド家から受けた借款《しゃっかん》（融資金）の分は、古い話で事実関係が明瞭でないので、返済できない」と言ったら、周りをズラリと取り囲まれた、という宮澤元首相の証言がある。

すなわち「借りた金はきちんと返せ」という思想でこのヨーロッパ金融ユダヤ人の原理はできているのである。

だから、ロスチャイルド家が大陰謀をめぐらす集団だというのは間違いである。彼らの

ジェイコブ（ヤーコブ）・シフ

ジェイコブ・ヘンリー・シフ（1847〜1920）は、ドイツ生まれのアメリカの銀行家である。フランクフルトの古いユダヤ教徒の家に生まれ、ロスチャイルド家と同じくゲットーに住んでいた。1865年にアメリカに渡り、ニューヨークでクーン・ローブ商会に就職。1885年には、その頭取となった。日露戦争に際して、高橋是清の求めに応じて、日本の戦時国債を大量に購入した。そのことにより、明治天皇から勲一等旭日大綬章を贈られた。

本業は、あくまで国家や大企業相手の金融業なのである。各国の政府（あるいは国王）に融資をして、それを国債の形で引き受ける《アンダーテイキング》というビジネスモデルである。

この国債《ナショナル・ボンド》（国家の借金証書）の買い取り（＝借金の保証）ビジネスで、ヨーロッパ各国の政府や国王たちを操《あやつ》って言うことをきかせてきた。

お金を貸している側の力というのは、ものすごく強いのである。

パリ家につながる日本政治家

日露戦争のときに、松方正義《まつかたまさよし》と共に動いた高橋是清という人は、人格的にも立派な政治家である。彼は原敬《はらたかし》によって育てられた男だ。

さらにその原敬を育てたのが陸奥宗光《むつむねみつ》である。海援隊出身の陸奥宗光は、幕臣の榎本武揚《えのもとたけあき》と共に、フランス・ロスチャイルドに育てられた。

だから松方正義、原敬、陸奥宗光、榎本武揚は、フランス政府とその背後のパリ家のジェームズおよび8アルフォンス・ロスチャイルドの支援を受けていたフランス派の日本政治家である。本当は、さらにその上に、五代友厚《ごだいともあつ》がいた。五代は、イギリス・フリーメイソンと、フランス・フリーメイソン（大東社《だいとうしゃ》。グラン・マソリヌ）の内紛に巻き込まれて殺された。

江戸城が無血《むけつ》開城されると、榎本は、江戸城内に駐屯していたフランス一個中隊と共に幕府軍を率いて、開陽丸《かいようまる》という2500トンの大きな、当時最大級の幕府の船で、函館五稜郭《ごりょうかく》まで逃走した。

ここで蝦夷共和国なるものを樹立して新政府と対立した。しかし1年で倒された。

そのときのフランス派の幕臣の代表が榎本武揚であった。

高橋是清

高橋是清（1854～1936）は、仙台藩出身、第20代内閣総理大臣。近代日本を代表する財政家として知られる。日露戦争勃発時には大蔵大臣として苦心の末、ニューヨークでジェイコブ・シフが戦時国債を引き受けて戦費調達に成功した。

陸奥宗光は、函館戦争で降伏して逮捕、投獄された榎本武揚の命を助ける運動をした。

そのせいで、陸奥宗光自身も5～6年、牢屋に入れられた。

陸奥宗光は、坂本龍馬の亀山社中《かめやましゃちゅう》や海援隊《かいえんたい》に加わっていた男である。

このとき、パリ家の8アルフォンス・ロスチャイルドが、明治政府の伊藤博文に圧力をかけて、榎本と陸奥を助け出している。

明治政府内での連携と拮抗

榎本武揚は、幕府の勘定奉行・外国奉行だった小栗上野介忠順《おぐりこうずけのすけただまさ》の家来で、腹心だった。この小栗忠順が日本に来ていたフランス全権公使（special envoy スペシャル・エンボイ。今でいえば大使）のレオン・ロッシュといろいろ交渉をした。

それでフランス政府（すなわちフランス・ロスチャイルド家）の裏書きを（保証《ギャランテイ》）もらって、200万ポンドの多額の融資金を得たのである。小栗はこれで幕府を立て直せるという戦略を練っていた。だから、幕府方の人間はフランスのロスチャイルド家とつながっていたのである。

そのお金は今の横須賀にある横須賀工廠《こうしょう》（今は米軍がほとんどを占拠している）をつくる資金になって、日本における製鉄や造船業の基盤となった。

小栗忠順の系統の陸奥宗光、榎本武揚は助命されて、なんとこのあと各々外務大臣と海軍大臣にまでなった。だから裏の真実があるのだ。陸奥が例の不平等条約の改正をやった。パリでウィリアム・シーボルト（フォン・シーボルトの長男）を側近、通訳として使った。

大きくはロスチャイルド・ネットワークの力だ。こうしてヨーロッパのフランス・ロスチャイルド家の力も日本国内に温存された。だから明治政府の内部に、ロンドン家とパリ家の連携《れんけい》と拮抗《きっこう》があったのである。

パリ家が育てた渋沢栄一

パリ家創業者の❻ジェームズの長男坊❽アルフォンスが育てたのが、渋沢栄一《しぶさわえいいち》である。彼が実質的に日本銀行の創立者である。渋沢が、徳川幕府の御用《ごよう》商人として幕末の１８６７年（慶応3年）に、パリの万博（万国博覧会）に出品作業をするために渡った。

渋沢のパリ行きを推薦したのは、幕末期の三井の大番頭の三野村利左衛門《みのむらりざえもん》という男だ。三野村は、小栗忠順の中間《ちゅうげん》（使用人）をやっていた優秀な商人である。

渋沢は、このときに、パリ家2代目のアルフォンスに、目をかけられ抜擢された。そして、日本で近代銀行業をやりなさい、と教え込まれた。渋沢栄一を直接教育したのは、フランスの財務大臣であったレオン・セーである。松方正義も育てられた。

第一国立銀行の設立

渋沢栄一が東京に帰ると、すぐ明治維新（1868年、明治元年）である。そして日本に、第一国立銀行*を作る話が出る。

そのアイデアは、実は伊藤博文が、サンフランシスコとニューヨークまで視察と称して、いろいろ習いにいったときに、生まれたものだ。1873（明治6）年には実現した。伊藤は、ライオネルから「日本はベルギー型、あるいはドイツのライヒス・バンク（帝国銀行）型の中央銀行にしろ」と助言された。

渋沢は、伊藤と井上の意向を受け、また三井財閥の当主ともいろいろ話して、ニューヨークの第一銀行《ファースト・バンク》あるいはナショナル・バンク（国立銀行）方式にした。

このナショナル・バンクを「国立銀行《こくりつ》」と訳したから初めからおかしな話になったのだ。本当は株式会社である私有銀行である。

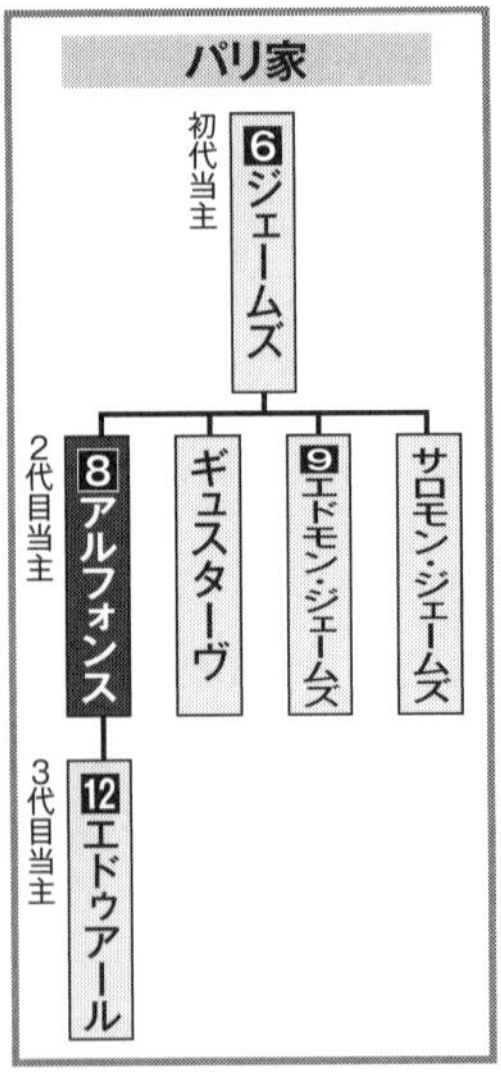

***第一国立銀行**　現在の三井住友銀行（2003年設立）とみずほ銀行（2002年設立）の源流をたどると、この第一国立銀行に行きつく。日本銀行もそうである。

パリ2代目当主

渋沢栄一を育てたアルフォンス

Alphonse James de Rothschild（*1827～1905*年）

8

アルフォンス・ド・ロスチャイルド（1827～1905）は、パリのロスチャイルド家の第2代当主。ジェームズの長男である。フランス政府の金庫番。最先端産業として登場した石油にいち早く目をつけ、世界最大の油田として開発中のバクー油田に深くかかわる。1857年に、ロンドン家のライオネルの娘レオノラと同族結婚した。

レオン・セー

レオン・セー(1826〜1896)は、フランスの経済学者である。1869年から政界進出、財務省、イギリス大使などを務めた。日本銀行設立や金本位制度などの「松方財政」は、訪欧の際にセーから学んだ政策をモデルとしている。複数のロスチャイルド系企業で重役を務めた。

渋沢栄一

渋沢栄一(1840〜1931)は、武蔵国(埼玉県)の出身、日本資本主義の父である。幕臣となり、1867年に徳川昭武の随員としてフランスに渡航、パリ万博で働いた。帰国後は、第一国立銀行、東京瓦斯、東京海上火災保険、王子製紙など、多種多様な企業の設立にかかわった。その企業数は500以上といわれている。

渋沢が、この第一国立銀行《ファースト・ナショナルバンク》の頭取として銀行業を始め、やがてこれが今の日本銀行になっていく。その隣には、今も三井銀行本店（現三井本館）が建っている。その脇は、日本橋・三越本店である。

だから渋沢栄一は、パリ家のジェームズの息子のアルフォンスに育てられた、日本におけるフランス利権の代表である。

その渋沢が、第一国立銀行の頭取になったことで、日本におけるロスチャイルド・ロンドン家の系統と、パリ家の系統との融合がなされたのである。

第3章 ロックフェラー家と闘ってきたロスチャイルド家

新興大国アメリカに奪われた世界覇権

米ロックフェラー家との覇権争い

――勃興《ぼっこう》する新興大陸アメリカの石油財閥

石油の発掘

今の世界（地球）をまだ支配しているのは、アメリカである。そして1870年から石油財閥として成り上がったロックフェラー財閥である。証拠はたくさんある。

今から151年前の1870年に、スタンダード・オイル・カンパニー（スタンダード石油会社）がニューヨーク市、そしてニュージャージー州で設立された。これが今のエクソン・モービルである。アメリカの民族資本であるこの新興財閥は石油《オイル》とともに勃興した。

石油という新しいエネルギーの開発とともに興り、石油の時代という大きなエネルギー革命の申し子として、20世紀（1900年代）の100年間の世界全体を支配したのである。

米ロックフェラー家の創業の基本となった石油（原油《クルド・オイル》）は、ある日、急に地面にピューッと噴き出したわけではない。アメリカのドレイク大佐という山師《やまし》（鉱山を掘り当てて一獲千金を狙う開発業者）が、五大湖の一つのエリー湖のほとりで、地表に湧《わ》き出ていた石油を、1859年に掘削《くっさく》することに初めて成功した。それまでもインディアンたちが煮炊き用に使っていたようだ。

「掘削」がどういうものかは、ここでは説明しない。ペンシルベニア州という東部の大きな州は、内陸に延びて五大湖にまでつながっており、ここに今でもオイルシティという石油事業が始まった記念の町が残っている。

巨大なエネルギー革命

ロックフェラー家の創業者であるジョン・ダヴィソン・ロックフェラー1世（1839〜1937年）は、高校を中退して16歳で商売を始めて、オイルシティから近いオハイオ州クリーブランドという商業の町の市場で、雑貨類の仲買商人をやっていた。彼は、いち早く石油の重要性に気づいた。

掘り出されて樽《バーレル》に詰め込まれたドロドロの黒い石油を卸し業として扱うようになった。

このわずか6年前の1853年に、日本にペリー提督のアメリカ東インド洋艦隊（遠征隊）が来た。鯨を捕りに来る米国の船に薪と水を安全に与えるようにという要求をしに来た。

当時は、鯨の油からロウソクを作り、明かりにしていた。それが、石油ランプの出現で一気に鯨漁は廃《すた》れたのである。これが巨大なエネルギー革命だった。私は祖父の家に古い石油ランプが有ったのを見ている。電気が普及する前は石油ランプだった。

この「ロックフェラー家の石油がエネルギー革命を起こしたのだ」という大きな事実を、なぜか日本国内ではまったく教えようとしない。私がこの事実（史実）を書くまで日本国では誰も書かない。エネルギー革命という言葉だけが空虚に広まっているだけだ。不思議な話である。

日本人は、敗戦後の75年間ずっと、現在までロックフェラー家たちが操《あやつ》るアメリカ政府の意思でいいように洗脳《ブレインウオッシュ》されている国民だ。だからこのような重要な歴史事実さえ、誰も知らないで、世界から取り残されたまま、おかしな国民にされている。それでいて、自分たちを先進国の人間だと思い込んでいる。何か起これば、すぐに「ロスチャイルド家が陰謀を企んでいる」と、書いて騒ぐ連中が絶えない。この間違いを私は正しく訂正しなければ済まないのである。

ロックフェラー財閥の誕生

石油が、煮炊き用の燃料や、暖房や明かりとして取引されるようになるのは、１８５９年に掘削に成功してすぐ後の１８６０年代からである。

わずか10年後には、石油の輸送網が大都会であるボストンやフィラデルフィアやニューヨークにまで出来た。はじめは、原油を詰めた樽を馬車で運んでいた。すぐに鉄道の線路が出来た。この輸送網を敵対的買収で、次々と同業者を策略で騙して買収を重ね、石油の流通網と製油事業を一手に握った。ジョン・D・ロックフェラー1世である。

彼は、早くも１８７０年にスタンダード・オイル・オブ・オハイオを設立する。このスタンダード石油《オイル》という会社を足がかりにして、彼は、わずか20年で世界一の大財閥になった。１８９０年には、カスピ海やペルシャ湾まで石油を掘りに進出した。

今でいうなら、インターネットのおかげでビル・ゲイツが世界一の金持ちになったのと同じだ。これが〝通信情報革命〟だった。しかし、ビル・ゲイツは、ロックフェラー家に屈服している。米司法省は、マイクロソフト社を八つ裂き（企業分割）にすることをやめた。

石油で人類のエネルギー革命を起こしたロックフェラー家

スタンダード・オイルの製油所

スタンダードオイルは、アメリカの石油会社で、ロックフェラー家繁栄の礎《もと》となった企業である。1870年にオハイオ州クリーブランドで設立された。ロックフェラーの石油が、人類のエネルギー革命を起こした。

この絵は、18世紀の捕鯨の様子である。石油の登場までは、鯨から採取する鯨油が灯火になった。まだ石炭がエネルギーの中心だった。燃料油、ろうそく原料、機械潤滑油、皮革用洗剤、マーガリン原料など、多様な用途があった。欧米では、食用としてではなく、鯨油確保のために大量に鯨を捕った。ペリーが来航したのも、捕鯨船の補給地確保の意味が大きかった。

18歳のロックフェラー1世

ジョン・ダヴィソン・ロックフェラー（1839〜1937）は、アメリカの石油王。1870年にスタンダード・オイル社を創業し、最盛時にはアメリカの石油の90%が彼の支配下にあった。この写真は彼が18歳の時のもの。1857年に撮られた。石油がエリー湖畔から採掘されたのは、この２年後の1859年のことである。

ここで、ロックフェラー家の先祖について書く。ロックフェラー家はドイツの北部のロッゲンフェルダー村の出身である。ロックフェラー1世の曾《そう》祖父は、アメリカ独立戦争（1775〜83）の時に、イギリス国王軍の兵隊としてドイツから買われて来た傭兵《ようへい》である。

英国王ジョージ3世が、プロイセン王フリードリヒ1世から、訓練された貧しい農民の青年たちを購入した。彼らドイツ人の傭兵は千人単位で英国王に買われて、国王軍《ロイヤルアーミー》の兵士としてアメリカ独立軍と戦った。独立軍が勝ったあとは、このドイツ人の傭われ兵たちは、解放されてアメリカで農民として生きてゆくことになった。主にペンシルバニア州の辺りで暮らした。彼らのことを〝ペンシルバニア・ダッチ〟と呼ぶ。従ってロックフェラー家の元の名は、ロッゲンフェルダー家である。

ロスチャイルド家の悪事とは？

ロスチャイルド家は、確かに19世紀までは大悪事をたくさん働いた。

しかし、20世紀に入ってからあとは、ロスチャイルド家が悪いのではない。ロックフェラー家の方が悪人である。彼らが世界を支配したからである。

二度の大戦でヨーロッパを火の海にしたのは、石油財閥のロックフェラー家である。

彼らが、策謀と策略をめぐらせたので、世界大戦が起き、多くの人々が死に、ロスチャイルド家も自分の屋敷を焼かれたりして衰退した。ただし欧米の銀行制度と金融市場はその後もロスチャイルド家が握った。

だから、「ロスチャイルド家の陰謀」を言わないと気が済まない人々は、自分の頭を点検すべきだ。

ロスチャイルド家とノーベル家

カスピ海のバクーで大油田が発見されたのは1830年代だ。

パリ家2代目当主の❽アルフォンス・ロスチャイルド（1827〜1905年）は、父親のジェームズの考えに忠実に動いた。

アメリカで1859年に石油革命が起きて、それから20年後には、カスピ海のバクーの油田の中心である「バニト油田」の採掘権を、1883年に原住民の王様《スルタン》から買い取った。そしてパリ家のアルフォンスと弟の❾エドモン・ジェームズ（1845〜1934年）が握った。

ノーベル兄弟もロスチャイルド

ノーベル３兄弟。長男ロバート（左上）、次男ルードヴィヒ（左下）、三男アルフレッド（右）。有名なのは三男アルフレッドである。武器商人の家に生まれ、アルフレッドによるダイナマイトの発明で大儲けをした。1878年にバクーで、ノーベル兄弟石油会社を設立した。1888年、次男ルードヴィヒが死去した際、アルフレッドと取り違えて死亡記事を載せた新聞があった。見出しに、「死の商人、死す」と書いた。本文に「可能な限りの最短時間でかつてないほど大勢の人間を殺害する方法を発見し、富を築いた人物が昨日、死亡した」と書かれた。それが当時の彼らへの視線である。

1880年代から始まるカスピ海のバクー油田をめぐる激しい利権争い

バクーから引かれる石油・天然ガスのパイプライン利権をめぐる争いは現在も続いている。

1800年代のバクー油田の様子

ダイナマイトの発明者のアルフレッド・ノーベルの実兄たちもこのバクー油田開発に参入した。ロスチャイルド家とノーベル家は同じ一族といってよいほどの親密な関係である。

だから、今のノーベル賞の授賞は、ヨーロッパ人からすると、米ロックフェラー系の学者たちへの当てつけや牽制《けんせい》であることが多い。加えてカンヌ国際映画祭やベネチア国際映画祭も政治的な使われ方をする。受賞作品はアメリカのハリウッド映画に対する痛烈な嫌《イヤ》味《ミ》である。

1890年代からは湾岸《ザ・ガルフ》（ペルシャ湾）でも石油の掘削が始まる。「アングロ・ペルシャ（イラニアン）石油」という、後にBP《ビーピー》（ブリティッシュ・ペトロリアム石油）になる会社がつくられて、ロスチャイルド家の石油開発が進んだ。1908年からは、湾岸地域で、今のクウェートとサウジアラビアとアブダビの石油の開発が急速に進んだ。ロスチャイルド家の勢力は、現在は、「ロイヤル・ダッチ・シェル」という巨大な石油会社に結集している。この会社はロイヤル・ダッチ社とシェル社が合併してできた。

バクーの油田を一番初めに開発して、商業ベースに乗せたのは、ロイヤル・ダッチ社の創業者のヘンリー・ディターディング（本名は、ユダヤ名のアイルゴ・ジルカー）というオランダのユダヤ人である。

ヘンリー・ディターディング

ヘンリー・ディターティング(1866～1939)は、"石油界のナポレオン"といわれた人物。1900年、ロイヤル・ダッチ・ペトロリアムの社長となり、1902年、ロスチャイルド家と共同出資で、アジア石油会社を設立し、その社長となる。1907年には、ロイヤル・ダッチ・シェル・グループを率いた。

マーカス・サミュエル

マーカス・サミュエル(1853～1927)は、イギリスのユダヤ人で、アジアで石油事業で成功した。1897年にシェル運輸交易会社を設立。1907年、ロスチャイルドのロイヤル・ダッチ・ペトロリアムと合併、ロイヤル・ダッチ・シェルとなった。社名の「シェル」は、日本にやって来た青年のサミュエルが、湘南海岸で拾い集めた美しい貝殻にちなむ。美しい貝殻をロンドンに送り、ボタンやたばこケースなどに加工して父親がそれを売る商売が当たった。彼はインドネシアで石油の採掘に成功した。

一方のシェル社創業者は、イギリスのユダヤ人のマーカス・サミュエルである。シェル（貝殻）という石油元売り会社の名は、当時浜辺で見つかった美しい貝殻を拾い集めて、装飾品にして売る商売をマーカスの父がやっていたことにちなむ。その息子のマーカスが、本当に日本の湘南海岸の江の島まで来て、浜辺の美しい貝殻を採取してロンドンの父親にまとめて送った。そのあとマーカスは、インドネシアに渡って、そこで油田を発見して、石油業で大成功した。

この2つの会社は1907年に業務提携した。だが、その後、ロスチャイルド家に株式をまんまと乗っ取られて、それが現在のロイヤル・ダッチ・シェルとなる。

そのやり口は、前述したカスピ海のバニト油田の株式を、安価で1914年に、パリ・ロスチャイルド家の❽アルフォンスがロイヤル・ダッチのディターディングに売却した。売却代金は、シェル社の株式の形でアルフォンスが受け取った。

ところが、その3年後の1917年にはロシア革命が起きた。ロイヤル・ダッチ社は、バクー油田の採掘権をレーニンの革命政府が国有化宣言したことで、奪われて、大打撃を受けた。このとき、ディターディングはすべてを失った。このあとパリ・ロスチャイルド家のアルフォンスとエドモン・ジェームズが、ロイヤル・ダッチ・シェル社を乗っ取った。

だから、ロスチャイルド家が悪いとすれば、このようなやり口のことを言うのだろう。しかし、ロスチャイルド家が手に入れた、これらのカスピ海の油田も、後にロックフェラー系（今のエクソン・モービルとシェブロン・テキサコ）にさらに奪い取られた。

このときロックフェラー家とロスチャイルド家は、石油をめぐって歴史的な大激突を行なったのである。今でも、このカスピ海バクー油田の原油と天然ガスが、世界のエネルギー争いの中心である。ペルシャ湾の石油は二の次である。

「石炭から石油へ」の、ヨーロッパのエネルギー革命は、カスピ海のバクーの石油が鉄道で運ばれて起きたのである。

中央アジアの油田・天然ガスの奪いあいは今も続いている。それがアフガニスタン戦争である。グルジア（ジョージア）・コーカサスの紛争も、中国の新疆《しんきょう》ウイグル地区の独立紛争も、カスピ海のバクー油田を震源地とする。そこから海に向かって引かれるパイプラインの利権をめぐる戦争だ。

日本にも進出してきたロックフェラー家

——三井＝ロスチャイルド勢力との争い

三菱財閥と岩崎弥太郎

1880年代からはロックフェラー家のほうが、どうも、どんどん強くなっていった。ロスチャイルド家は、大英帝国の力そのものだから威張ってはいた。だが、新興国のアメリカの隆盛によって徐々に力を落としていった。

1890年代になると、米ロックフェラー家に寝首をかかれた。ロックフェラー家は、石油の力で世界中をじわじわと制圧していった。

幕末に日本を強制開国させたのは、ペリー提督が率いたアメリカ海軍である。しかし南北戦争（1861〜65年）が起きたので、アメリカは一旦《いったん》引き揚げていった。

その間に、上海にいたロスチャイルド系のユダヤ商人たちが日本にやってきて、三井高利《みついたかとし》が率いた三井財閥（江戸と大坂の間の送金・為替業＝銀行業で財を成した）と組んだ。

岩崎弥太郎

岩崎弥太郎（1835〜1885）は、土佐藩出身、三菱財閥の創業者。明治政府に取り入り、政商として発展。ロックフェラー家と組んで、西南戦争で巨万の富を築いた。武器を大々的に扱ったことから、“死の商人”といわれる。日本で最も早く、ボーナスを支給した人物である。

三井＝ロスチャイルドの勢力の誕生である。三井＝ロスチャイルドは、前述したとおり伊藤博文と井上馨の日本の政治の最高実力者を支援し操《あやつ》った。

アメリカの日本に対する力が盛り返したのは、1875（明治8）年からである。

三井ロスチャイルド直系の渋沢栄一が、銀行業を東京で始めたのは1873（明治6）年だ。

その2年後の1875年になると、アメリカのロックフェラー財閥の力を背景にした三菱（の岩崎《いわさき》弥《や》太郎《たろう》）との激しい闘いが始まる。

そして日本国内でも、ロスチャイルド系の勢力が負け始める。

ロスチャイルド系で今も存在する港湾利権会社のP＆O《ピー・アンド・オー》が、当時は世界最大の船会社だった。このイギリス系の船会社も、石油を背景にしたロックフェラー勢力に駆逐されてゆく。

ロックフェラー1世は、日本でも、非常に安い金利で船荷《ふなに》証券《しょうけん》（B／L　ビル・オブ・レイディング）を買い取った。そしてロックフェラーの日本の代理人である九十九《つくも》商会（後の三菱商会）の岩崎弥太郎にそれらをどんどん買い取らせた。こういう闘いを日本で始めたのである。

仕組まれた「西南の役」

アメリカのロックフェラーの力が1877（明治10）年の「西南の役」*を策略で起こさせたのである。

尊王攘夷思想（水戸学。外国を打ち払えの思想）の影響が残っていた西郷隆盛を謀略で権力の座から引きずりおろして、郷里の鹿児島に帰らせた。

そうしておいて旧弊《きゅうへい》に固執する不満武士たちという、今でいう「抵抗勢力」に仕立てて、武力で叛乱を起こした形にさせて鎮圧した。

スパイを送り込んで挑発して軍事暴走を起こさせた。西南の役は南九州を戦場にして半

***西南の役**　1877（明治10年）に西郷隆盛を盟主にして起こった士族の武力反乱。西南戦争とも呼ばれる。明治初期で最大の士族反乱で、日本最後の内戦となった。

年間続いた。それを鎮圧するための武器、弾薬、艦船、兵站《へいたん》（ロジスティックス）を、岩崎弥太郎が政府から一手に引き受けて大儲けした。

当時の日本政府の国家予算である3億円の3分の1、約1億円を三菱が受け取ったという。

それで今の三菱＝ロックフェラーの勢力が、今の丸の内の土地を安価で払い下げられて1877年に日本に大きく誕生したのである。三菱財閥が、アメリカのロックフェラー家の後ろ盾をもらって急激に力をつけた。

戦争経済をやらされた

アメリカから超《ちょう》安価で運ばれてきた、武器、弾薬、艦船は、南北戦争（シヴィル・ウォー）が終わったあとのアメリカで山のように溜まっていた戦争資材だ。

戦争というのは、だいたい3年から4年間続く。3年から4年で、戦争をやっている国民自身が、みんなで嫌《いや》になってやめよう、ということになる。数年間続く戦争でたくさんの人間が死ぬと、人々はもう鉄砲や大砲など見向きもしなくなる。それらがものすごい安値で後進国に引き取られてゆく。

当時の日本も、今と同じで、〝ウォー・エコノミー（戦争経済）〟をやらされたのだ。「戦争で経済を刺激する」のである。

三井財閥と三菱財閥の闘い

だからこの時期から、欧州ロスチャイルドと米国ロックフェラーの2大勢力が日本国内で、商業利権をめぐって激しく争うようになった。

三井ロスチャイルドを体現する渋沢栄一と、三菱ロックフェラーの岩崎弥太郎は、「隅田川の屋形船《やかたぶね》の決闘」と後に呼ばれる争いをしている。

これは、1878（明治11）年の8月に起きた事件である。隅田川の屋形船の上で、船遊びの主催者である岩崎弥太郎と、招かれた主賓の渋沢栄一が、企業の経営思想をめぐり激しい口論をした。

この時期に、渋沢は三井系の船会社である「共同運輸会社」を三菱弥太郎に奪い取られたのである。渋沢が作った共同運輸会社は、無理やり合併させられて、「日本郵船」となった。日本郵船は、日本最大の船会社である。1000隻以上の船を持っているだろう。

日本の政界でも、三菱ロックフェラー（「民政党《みんせいとう》」という官僚あがりの政治家たちを応援した）と三井ロスチャイルド（「政友会《せいゆうかい》」の政治家たちを応援した）が激突した。

1877（明治10）年以降ずっと、現在に至るまで約140年間、この両者の対立が政党の名前を変えながら続いているのである。

1914年に世界覇権の転換が起きた
――ロスチャイルド家からロックフェラー家へ

大英帝国とスターリング・ポンド体制

イギリス海洋帝国《シーエムパイア》の黄金時代は、1805年のトラファルガーの海戦*でナポレオンのフランス海軍を打ち破ったときから始まった。

イギリスは、18世紀（1700年代）に、綿紡績産業から起こり製鉄部門と蒸気機関部門に続く「産業革命」the Industrial Revolution という技術革新を達成した。これによって「世界の工場」となり、世界で最も裕福な国になった。

「世界の工場」と共に、高度な銀行システムが発展した。そこでは自国通貨であるポンドの信用を高め続けることが絶対的な条件だった。

ナポレオン戦争期の混乱が収拾した1823年には、早くも中央銀行であるイングランド銀行は自ら発行している銀行券（紙幣）を、金《きん》に免換《だかん》（exchange）できるように制度化

***トラファルガーの海戦**　1805年10月21日、スペインのトラファルガー岬沖での海戦。英艦隊のネルソン提督がフランスとスペインの連合艦隊を破り制海権を奪った。

した。こうして、この時、世界で初めて金本位制《きん》（ゴールド・スタンダード）が成立したのである。

イングランド銀行券は、sterling〝スターリング・パウンド（ポンド）〟と呼ばれて、金貨と同等の地位を与えられたことで、正式に法貨《ほうか》（legal tender リーガル・テンダー）。強制通用力を持つ紙幣）となったのである。

だが同時にイングランド銀行券（ポンド紙幣）の発行量は厳しく限定された。通貨の信用力を維持するためである。

経済学者デイヴィッド・リカードら*「地金主義者《じがね》」（メタリスト。通貨価値重視主義者）の主張を採り入れた「ピール条例」が成立し、イングランド銀行が発行する「ベース・マネー」としての銀行券の発行量が決められた。それは、「イングランド銀行が保有している金《きん》と銀の地金《じがね》プラス1400万ポンド（のちに1600万ポンドに上方修正された）だけのポンド紙幣しか発行できない」と決まった。

この1823年の通貨法の成立で、スターリング（立派な、信用のある、の意味）・ポンドは、世界でも飛びぬけて信用のある通貨となった。中世ヨーロッパのベネチアのダカート金貨やスペイン帝国の金貨（メキシコ1ドル銀貨）の時代が終わった。このことで世界の通貨制度に安定が生まれた。

***デイヴィッド・リカード**　英経済学者。各国が得意分野の財を重点的に生産し輸出入しあうことで経済効率を高める「比較優位説」を唱えた。

“新興国”アメリカの台頭

1830年ぐらいから、ヨーロッパの大都市には株式取引所（金融市場）ができた。株式や債券（鉄道債券など）で大儲けしたり、反対に急落して大損したりの、金融バクチのドラマが花盛りになった。バクチ（ギャンブル）が大好きな人は、どこの国にもたくさんいる。江戸時代の天領《てんりょう》（幕府直轄地）の百姓たちもバクチが大好きで田畑を失った者たちがたくさんいた。

19世紀にヨーロッパは大繁栄を続けたのである。前述したとおり、ヨーロッパの富豪や貴族たちは競って、南仏のコート・ダジュール（プロヴァンス地方の東の海岸線）に豪華な別荘をどんどん建てた。

大切なことは、1880年代になると、早くもヨーロッパがアメリカに押され出したことだ。

アメリカ大陸でできた、小麦や豚肉などの農畜産物が、大量に安価にヨーロッパに流れ込んで、大量に輸入されたという事実である。ヨーロッパは打撃を受けた。

すぐに冷凍船（reefer《リーファー》）が開発されて、農畜産物を腐らないように低温で保存して大西洋を運べるようになったからである。

このことは現在の中国が、中国産の雑貨類や繊維類（100円ショップで売っているもののほとんどすべて）を世界中に輸出して、中国製品で世界のすべての国を溢れかえらせていることと実によく似ている。イギリスは、次第に製造業分野での優位性と競争力を喪失していく。

金《きん》を求めて南アフリカへ

しかし、それでもイギリスが世界覇権国としての地位を維持し続けることができたのは、金融部門で優位な状態にあったからだ。

イギリスは金《きん》本位制を続け、ポンドに対する絶対的な信用があることで金融面で圧倒的な地位を維持し続けることができた。だが「イングランド銀行が保有する金《きん》＋《プラス》1600万ポンドだけ」に通貨発行量が抑制されていたので、経済成長を続けるために更に必要なマネーを十分に供給することができなかった。

そのために19世紀は、10年ごとにヨーロッパを資金不足を原因とする不況の波が襲っている。それをジュグラーの波*（別名、カール・マルクスの波）という。

***ジュグラーの波**　企業の設備投資に起因する約10年周期の景気循環の波。仏経済学者クレメンス・ジュグラーが発見した。本当の発見者はカール・マルクスらしい。

それで、イングランド銀行は保有金《きん》を増やすことにした。保有している金《きん》の量が増えれば、それだけ多くのベース・マネーを供給することができ、それにより経済活動を活発化させることができる。

だが今のアメリカ政府とＦＲＢ《エフアールビー》（米中央銀行）のようにメチャクチャにお札（米ドル紙幣）と国債を刷り散らして、結局、信用を落とすというやり方をロスチャイルド家はやらなかった。紙幣の〝水増し発行〟は絶対にしなかった。

だから、イギリスは露骨なまでに金《きん》の地金《じがね》（インゴット）を求めて対外活動を推進していったのである。

１８９９年に南アフリカで世界有数の金とダイヤモンド鉱床が発見された。ロスチャイルド財閥のイギリスはただちに南アフリカの支配を企てた。

セシル・ローズの登場である。英政府の支援を受けたアルフレッド・ミルナーが３次にわたるボーア戦争を仕掛け、先住のオランダ系白人のボーア（ブール）人を征服した。だから、南アフリカ地域の世界最大の金《きん》鉱床は、つい最近までセシル・ローズやデビアス＝オッペンハイマー系の資本が支配していたのである。彼らはロスチャイルド家の友人たちである。

ミルナーとセシル・ローズが仕掛けた戦争では、先住移民白人であるボーア人への処遇

南アフリカの金鉱床を支配したロスチャイルド家

アルフレッド・ミルナー

アルフレッド・ミルナー（1854〜1925）は、イギリスの枢密顧問官も務めた、初代ミルナー子爵である。南アフリカの植民地化を巡って戦われた、ボーア戦争（第1次 1880年12月16日〜1881年3月23日、第2次 1899年10月11日〜1902年5月31日）を仕掛けた男。ケープ植民地総督となった。1891年には、ラウンド・テーブル（円卓会議）と呼ばれる秘密結社を、ロスチャイルドやセシル・ローズと創始した。これは、ダヴォス会議や三極委員会にもつながるもので、現在も、国際政治に多大な影響力を持つとされる。

セシル・ローズ

セシル・ローズ(1853〜1902)は、イギリス帝国ケープ植民地の首相である。占領地に、何と、「ローデシア」と自分の名を冠した名前を付けた。デビアス鉱山会社を設立し、ダイアモンド、金鉱山を独占し、南アフリカの鉱山王として君臨した。1894年に制定したグレン・グレー法は、アパルトヘイト政策の原型になったと言われている。

オッペンハイマー家

アーネスト・オッペンハイマー（右、1880〜1957）と、ハリー・オッペンハイマー（左、1908〜2000）の親子は、ユダヤ人で、20世紀に入りデビアス社の利権を引き継いだ。息子のハリーは、イスラエルの建国以降、自社のダイアモンドのイスラエル輸出を承認した。ダイアモンドの選別と加工は今でもイスラエルの重要産業である。その道を拓いた人物である。

は過酷であった。

投降兵に対して世界最初の「強制収容所」を設立したのもこの人物である。戦勝したイギリスは、現住ボーア人に対して、法的に自分たちイギリス人よりは下だが、圧倒的に多数である黒人層を管理するにはちょうどよいぐらいの差別的権限を与えて優遇して懐柔した。インド商人たちも使った（ここに、弁護士のガンジーが来ていた）。これが有名な「アパルトヘイト」apartheid である。単純な黒人差別の制度ではない。差別というのはどこの国でもその実態はなかなか複雑にできているものである。

さらにロスチャイルド資本は、当時、世界で最大の金《きん》保有者であったロシアのロマノフ王朝とも対立した。ロシア帝国が自分たちの同胞であるユダヤ人を迫害するのが我慢ならなかった。

そこで、ウラジーミル・レーニンやレオン・トロツキーといったロシア人の職業革命家たちに資金を援助して、革命（武装蜂起）というやり方でロシア帝国の体制の転覆を背後から支援したのである（1917年）。社会主義（共産主義）思想などというキレイごとでは済まない。

崩されたヨーロッパ大繁栄時代

19世紀のヨーロッパの大繁栄が壊されたのは、まさしく1914年の第1次世界大戦の勃発である。米ロックフェラー家が仕組んだ。

そして、1929年の世界恐慌で、ヨーロッパも打撃を受けた。そして1931年に英ポンド紙幣と金《きん》の交換（兌換）が正式に停止された。

スターリング・ポンド（＝金《きん》本位制）の終焉である。大英帝国の終わりは、このときとされる。当時の新興国であったアメリカがイギリス（ロスチャイルド）の覇権を奪って、世界規模で力を持った。

しかし、覇権《ヘジエモニー》がアメリカに移ったのは、それよりももっと早かった。実質的に覇権の移行があったのは、それより17年早い、まさしく1914年からだ。これは副島隆彦説である。

したがって、1914年からロックフェラー家の世界覇権が成立した。

その証拠に1914年に、世界中で、何と同時に「5つの帝国」が崩壊し滅亡したのである。

次々に滅んだ5つの帝国

まずヨーロッパの中心部（中欧。「ミッテル・オイローパ」という）にあったハプスブルク家の①オーストリア＝ハンガリー帝国が、この1914年の前後に皇后エリザベートが殺されたりして崩壊した。

この年に、ハプスブルク家の皇太子が軍事演習視察に出掛けた隣国ボスニアの首都サラエボの橋の上を通過中に襲われて、ピストルで射殺された。

このことで、第1次世界大戦が1914年に始まった。これは、日本の小・中学校の社会科の歴史でも教える。

この事件を裏で操ったのは、ハプスブルク家と敵対しあっていたロスチャイルド家ではないかと疑われる。

しかし、そうではなくて、私の研究ではどうやらアメリカのロックフェラー家であったようだ。なぜならヨーロッパ全土が戦争で火の海になることで得をするのはアメリカだからだ。

2つ目に、1914年に②ロシア帝国が滅び始めている。ロシアのロマノフ王朝（ユダヤ人を嫌った）を叩き潰そうとして、確かに大英帝国とロスチャイルド家が仕組んだ。だからその前に１９０４～05年に極東《ファーイースト》で日露戦争を起こさせている。

大連と旅順にまでもの凄《すご》い勢いで鉄道を敷いて進出してきたロシアと日本はぶつかった。あのとき、途上国だった日本を背後から指導して応援したのは大英帝国（ロスチャイルド家）である。イギリスの支援がなければ勝てなかった。本当はイギリスがやらせたのである。

アメリカは冷ややかに見ていた。やがて、チューリッヒに亡命して長くいたウラジーミル・レーニンと、ニューヨークにいたレオン・トロツキーら職業革命家たちをロシアに戻して、ロシアを更に内乱状態にした。計画的に１９１７年の10月革命を起こさせ、ロマノフ王朝のロシア帝国が滅んだ。１９１７年の2月にできたケレンスキー政権は温和な改革を目指した優れた政権であった。文豪トルストイも支持した社会革命党の政府だ。それをイギリスとアメリカが打ち倒させた。これが2つ目だ。

３つ目は、極東において、１９１１年に、清朝《しんちょう》の③大清《しん》帝国が滅ぼされている。清朝は満州人がつくった中華帝国である。孫文《そんぶん》らの辛亥《しんがい》革命は奇妙な変質をとげアメリカに頼るようになった。〝最後の皇帝《ラスト・エンペラー》〟の愛新覚羅溥儀《あいしんかくらふぎ》は１９１２年に退位して、１９２４年に紫禁城《しきんじょう》（故宮）を追われた。

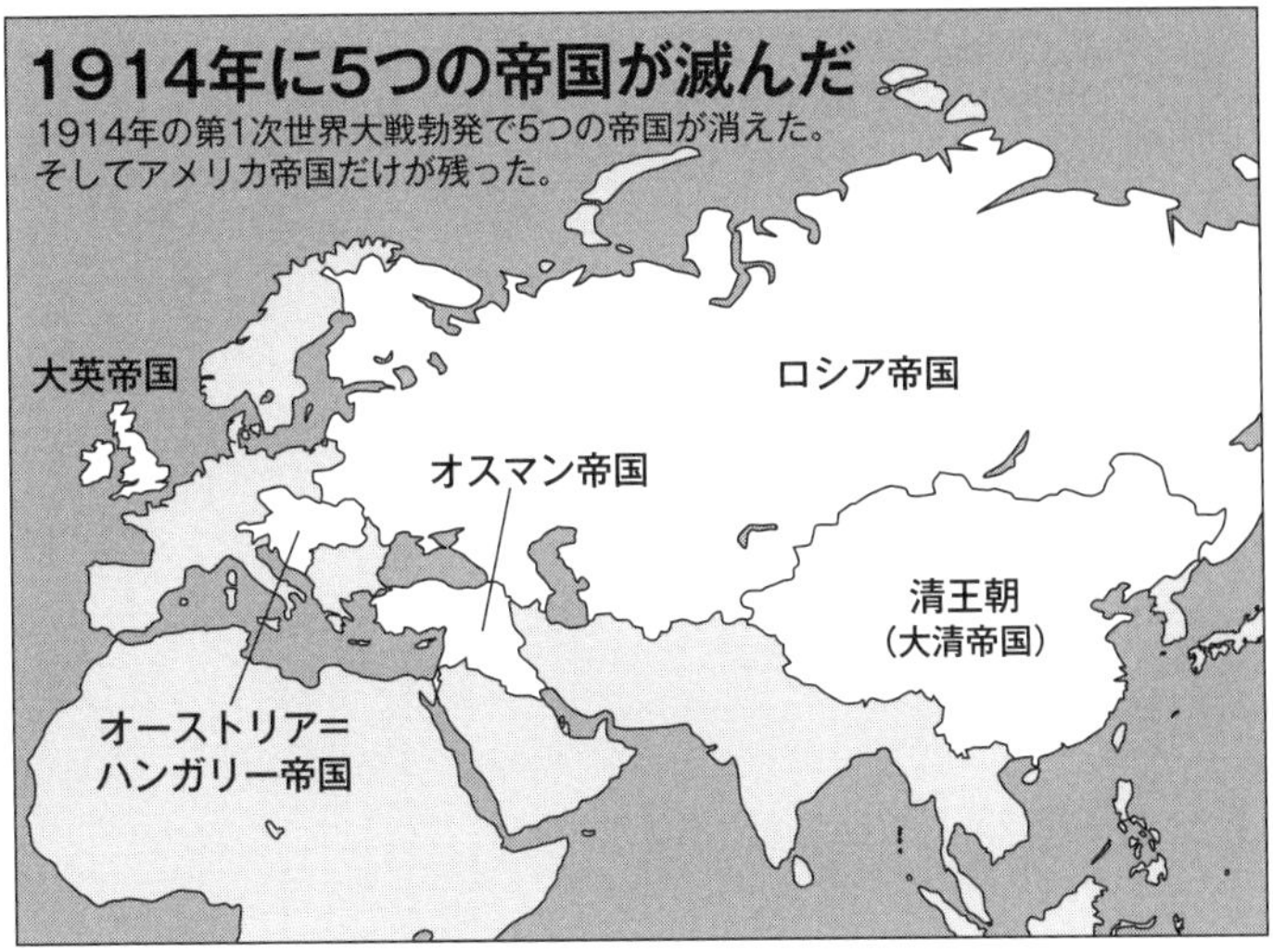

1914年に5つの帝国が滅んだ

1914年の第1次世界大戦勃発で5つの帝国が消えた。
そしてアメリカ帝国だけが残った。

4つ目は、中東全域（エジプトを含む）から北アフリカ・中央アジアまでを支配していた約900年続いた巨大な④オスマン・トルコ帝国が、まさしく1914年に崩壊している。オスマン帝国については詳述しない。

5つ目。最後だが、何と、まさしく⑤大英帝国そのものの崩壊である。

1901年に女帝ヴィクトリア女王が逝《ゆ》く。このヴィクトリア女王の葬式のときが、大英帝国の絶頂《ピーク》の年だったろう。このとき、英国に留学していた夏目漱石は下宿屋のおやじに肩車をしてもらって、ヴィクトリア女王の葬儀の棺《ひつぎ》の列が通り過ぎる様子を見ている（漱石は当時の日本男子の平均である159㎝ぐらいしかなかった）。

大英帝国は頂点を過ぎ、このあと徐々に衰

退を始めた。1914年にまさしくイギリス中心の金《きん》本位制（ゴールド・スタンダード）が瓦解《がかい》した。やがてイギリス政府はポンド紙幣と金《きん》の交換を停止した。

だから、第1次世界大戦の勃発の年であるこの1914年前後に5つの帝国が滅んだ。そしてアメリカ帝国だけが残った。このことでロスチャイルド家からロックフェラー家に世界覇権が移ったのだ、と私は断定する。

連邦準備制度理事会（ＦＲＢ《エフアールビー》）創設の秘密
――金融支配を奪われたロスチャイルド家

ＦＲＢをつくったロスチャイルド家

１９１４年の前年の１９１３年に、アメリカに中央銀行（セントラル・バンク）が無理やりつくられた。当時のニューヨークの７つの銀行（７人の富豪。Ｊ・Ｄ・ロックフェラー１世を含む）が出資して株式を分け合って私有する奇怪なＦＲＢ《エフアールビー》（連邦準備制度理事会）ができた。

「中央銀行であるのにそれは民間銀行である」という法律（連邦準備銀行法）が大きな策略で出来てしまった。

このＦＲＢ《フェデラル・リザーヴ・ボード》をつくったときにロンドンから目付《めつけ》（監視）役として来たのが⑪アルフレッド・ロスチャイルド（１８４２～１９１８年）であった。

この時までは、まだアメリカでもロスチャイルド家の資本の力が強かった。アメリカの

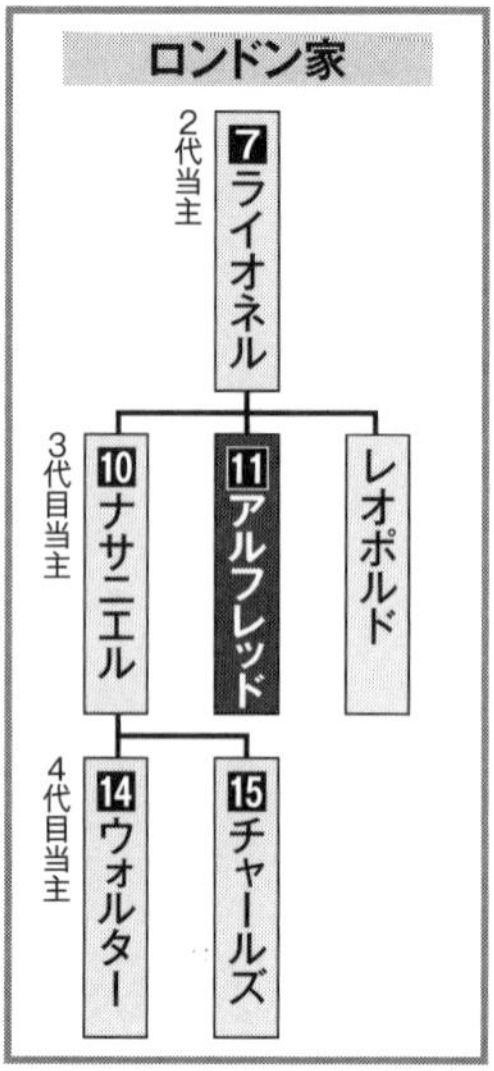

当時の大企業の鉄鋼業や繊維産業も、大株主はイギリスの貴族や富豪たちであった。

アルフレッドはロンドン家2代目当主7ライオネルの次男坊である。父親のライオネルは、1879年に死んでいる。おそらく長男坊の10ナサニエル（ロンドン家3代目当主）よりも、このアルフレッドのほうが能力があって、兄を差し置いて彼が、実質的に世界を動かしていただろう。

アルフレッドはイギリスの中央銀行であるイングランド銀行の理事だ。1869年に26歳でなったときから20年間務めている。

一国を支配するには、その国のマネーサプライ（通貨供給）を独占する体制を確立しなければならない。そのためには中央銀行（セントラル・バンク）を支配しなければならない。

アルフレッドは、兄のナサニエルと話して、「アメリカ国民が、どんなに反対しても、あの国に、中央銀行を作らなくてはならない。そして、その中央銀行の株式の一番多くは、私たちが握るのだ」という考えで動いた。このことが、今のアメリカのトランプ革命

米FRB（連邦準備制度銀行）創設時の監視役 アルフレッド

Alfred de Rothschild（*1842*〜*1918*年）

アルフレッド・ド・ロスチャイルド（1842〜1918）は、ロンドンのロスチャイルド家第2代当主ライオネルの次男。NMロスチャイルド銀行の共同経営者で、イングランド銀行理事である。彼は生涯結婚しなかった。しかし、彼の遺産が、第5代カーナーヴォン伯爵ジョージ・ハーヴァートの妻であるアルミナに与えられていることから、アルミナは彼の隠し子であったのではないかと言われる。このことは、ロスチャイルド家にとって重大であった。

ロスチャイルド家は、遺産を直系の男子のみに残すという家訓を守ってきたが、仮にアルミナがアルフレッドの子であったとしても、それに違反していた。かつ、その遺志により、ロスチャイルド家の財産の大部分がカーナーヴォン家に移ることになるが、アルフレッドに妻子がないからロスチャイルド家にはいかんともしがたく、ロスチャイルド家衰退を加速させる結果となった。

アルミナの夫であるカーナーヴォン卿は、ツタンカーメン廟の発掘者であったが、変死した。発掘のスポンサーはアルミナである。

若い頃のアルフレッド

（2020年）をも突き動かしている原因である。

もともと、アメリカ国民の多くは中央銀行創設に反対していた歴史*がある。そもそもアメリカ独立戦争は、イギリスの中央集権的な金融支配から逃れるためになされた建国運動だ。

だから、アメリカの中央銀行創設の準備は少数の銀行家たちによって密かに進められた。

ジキル島の秘密会議

1911年、南部ジョージア州のジキル島（J・P・モルガン所有）に7人の男が集まった。彼らは皆、英ロスチャイルド家の息がかかっていた人物である。彼らは極秘で会議を開き、1913年に連邦準備法を無理やり作ることを計画した。アメリカ民衆は、「中央銀行はやがて、必ず自分たちの子孫を国の大借金の奴隷にする」という考えで大反対していた。賢人《ワイズマン》のウィリアム・ジェニングズ・ブライアンが反対の急先鋒であった。

アルフレッドが彼ら7人の監視役として、アメリカに来ていた。そしてアメリカ合衆国の金融・財政を上からロスチャイルド家が握る体制を作った。だからアルフレッドは秘密

***中央銀行創設に反対していた歴史** 農民たちによる自由な銀貨鋳造・流通を求めた「自由銀運動」が代表例。ウィリアム・ジェニングス・ブライアン（1860〜1925年）が主導した。

会議に集まった7人の男たちよりも、もっと格が上である。

この連邦準備銀行というのは、「個人が私有する中央銀行」a private owned central bank（ア・プライヴェート・オウンド・セントラル・バンク）である。政府の機関でもないのに「連邦準備銀行」を名乗り、マネー・サプライを支配する謀略の中心にアルフレッドがいたのである。

1911年のジキル島での秘密会議の後、ウッドロー・ウィルソン大統領が実行犯の役割を果たした。ウィルソンは初代ロックフェラーの傀儡《かいらい》となり、いいように操られた大統領だ。彼が連邦議会を画策して、多くの上院議員がクリスマス休暇中の12月23日を狙って、強引に法案を通過させた。

ウィルソンは、こういうおかしな手法を使って、1913年に「米連邦準備銀行法」を可決させたのである。

ウィルソンは、前年の1912（大正元）年の11月に大統領選に勝った。この時、共和党は内紛を起こしている。元大統領のセオドア・ルーズベルトが、わざと共和党内を分裂させて、自分で革新党（プログレッシブ・パーティ）という第3党を作った。これで現職のウイリアム・タフト大統領の再選を阻止した。

タフト大統領は、本物のアメリカ保守思想の頑固な男であり、ニューヨーク金融財界人たちの言うことを聞かなかった。だから、セオドア・ルーズベルトの策略で落とされて、民主党のウィルソンが勝利した。

ウッドロー・ウィルソンは、それまでプリンストン大学（ニューヨークから電車で1時間の場所にある）の学長をしていた学者だが、1913年の3月の就任時から、豹変《ひょうへん》して露骨にグローバリスト（地球支配主義者）の手口を見せた。

1913年5月に、「カリフォルニア州排日《はいにち》土地法」で、日本人移民への排斥運動を始めたのはできたばかりのウィルソン政権である。ウィルソンは表面は人権重視派でリベラル派のふりをしたが、真実は、グローバリズム（今で言えば、ディープ・ステイト）そのものである。だからアメリカ国民の反対を押し切って、FRBを謀略で作ったのである。1914年に、ウィルソンとセオドア・ルーズベルトが、イギリスの支配からアメリカが自立、独立することを、密かに決めて実行した、ということだ。

だからこの策謀の主導者は、当然、ジョン・ダヴィソン・ロックフェラー1世である。

ロックフェラー家についた銀行家たち

このようにして1913年にFRBができると、その翌年の、1914年には、ロスチ

ポール・ウォーバーグ

ポール・ウォーバーグ(1868〜1932)は、ドイツ系ユダヤ財閥ウォーバーグ家の一員である。1910年11月に、JPモルガン所有のジョージア州ジキル島で、金融業界の指導者たちによるFRB創設のための会議が開催された。ロスチャイルド家の代理人として会議を左右した人物である。しかしFRB設立後、翌年には彼の裏切りにより、FRBはロックフェラー家に握られる。

ジョン・ピアポント・モルガン

ジョン・ピアポント・モルガン(1837〜1913)は、アメリカ5大財閥の一つ、モルガン財閥の創始者である。アメリカにおけるロスチャイルド家の大番頭であり、ロックフェラーになびかなかった。モルガン系は今でもロスチャイルド家に忠実である。GEとGMはモルガン系である。

ャイルド家の寝首《ねくび》を掻《か》いて、ロックフェラーが世界覇権を奪い取ったのである。

それまでロスチャイルド家の忠実な子分のふりをしていたアメリカ人銀行家たちは、裏切りを始めた。彼らはロックフェラー1世の側に集結した。ジキル島の秘密会議のメンバーだったヤーコブ・シフと、ポール・ウォーバーグらが、ロックフェラーの側についた。

しかし、J・P（ジョン・ピアポント）・モルガン率いるモルガン財閥は、ロスチャイルド家に忠実だった。モルガン家はその後もずっと裏切らないでロスチャイルド家の力をアメリカ大陸で温存し続けて今に至る。

FRBは、こうしてロックフェラー家に握られた。ロックフェラーやカーネギーは隆盛するアメリカの民族資本だ、とも言える。

その2年前の1912年4月に、豪華客船タイタニック号が沈没している。このとき、多くのロスチャイルド系のアメリカ富豪たちが死んでいる。奇妙な符合である。

第1次世界大戦の勃発

1914年7月にヨーロッパで第1次世界大戦が始まった。

このあとウィルソン大統領は、2001年の「9・11」事件とまったく同じように、

「ルシタニア号撃沈事件」*（1915年5月7日。ドイツ軍の潜水艦による客船への攻撃としたこと）を捏造《ねつぞう》（自作自演）して、アメリカをヨーロッパ戦線に参戦させている。

第1次大戦で殺し合ってボロボロになったヨーロッパ諸国に対して、「ウィルソンの14カ条演説」で、「民族自決主義」と、「国際連盟の創設」を提案して、世界単一政府主義の、グローバリズムの原型を推進したのである。

ウィルソンの民族自決主義が、世界に5つあった帝国（覇権国）を、まさしく次々に崩壊させていったのだ。そのあと世界に唯一残ったのが、アメリカ帝国（ロックフェラー石油財閥）であった。

5つの帝国が滅んで、次々と民族独立を遂げた世界中の小国の国民国家（ネイション・ステイト nation states 民族 volks）たちは、このあと徐々にアメリカ帝国の属国（トリビュータリー・ステイト）になっていった。

だから、1914年を境にロスチャイルド家の支配は世界中で覆されて、ロックフェラー家が世界を握ったのである。

***ルシタニア号撃沈事件**　乗客1198人が死亡。128人の米国人が含まれていたから、米国内の対独感情が悪化。米国の世論は一気に第1次大戦への参戦に傾いた。

ロスチャイルド家の世界支配の終焉

――次々と奪い取られたロスチャイルド家の利権

操られたロシア革命

1917年10月に、ロシアで共産主義革命が成功した。この暴動を指導したレーニンとトロツキーが偉大だったたと、その後の世界中の理想主義者や進歩主義者の人間たちから大いに尊敬された。それが世界中に伝わって興った政治的な左翼たち（社会主義者）の運動である。日本でもこれが何度か隆盛した。青年だった私もこの波にのみ込まれて苦労した。

しかし、歴史の真実が、どんどん明らかになった。レーニンを操《あやつ》って、彼に資金を提供してロシア国内の皇帝（ロマノフ王家）反対派を組織させたのは、はじめは、ドイツとスイスのロスチャイルド家の家来筋にあたる大富豪と、国家官僚たちであった。名前をあげれば、マックス・ウォーバーグ（ドイツの秘密警察長官）である。

ウォーバーグ家は、スイスのチューリッヒを本拠とするユダヤ商人（宮廷ユダヤ人）であり、レーニンはこのチューリッヒに亡命していた。

同じく、レオン・トロツキーは、ニューヨークに亡命しており、ポール・ウォーバーグ（マックスの弟）やクーン・ローブ商会の理事長であるヤーコブ・シフの支援を受けて、豪邸に住み護衛隊まで持っていた。

前述したとおり１９１４年までは、ロスチャイルド家が、世界の最高権力者として、ヨーロッパ各国の政府の首脳（首相たち）までも操っていた。

ところが、どうも、１９１４年を境にして、力関係が逆転して米ロックフェラー家の背後からの暗躍が見られる。

だから、１９１７年に興ったロシア革命政府（ボリシェヴィキ政権）は、どうも次第

ヨシフ・スターリン

ヨシフ・スターリン（1878〜1953）は、ソビエト連邦の最高指導者。29年間にわたりその地位に君臨し、ソ連を“収容所国家”にした。ロックフェラー家は、スターリンを使って、レーニンを病死させた。

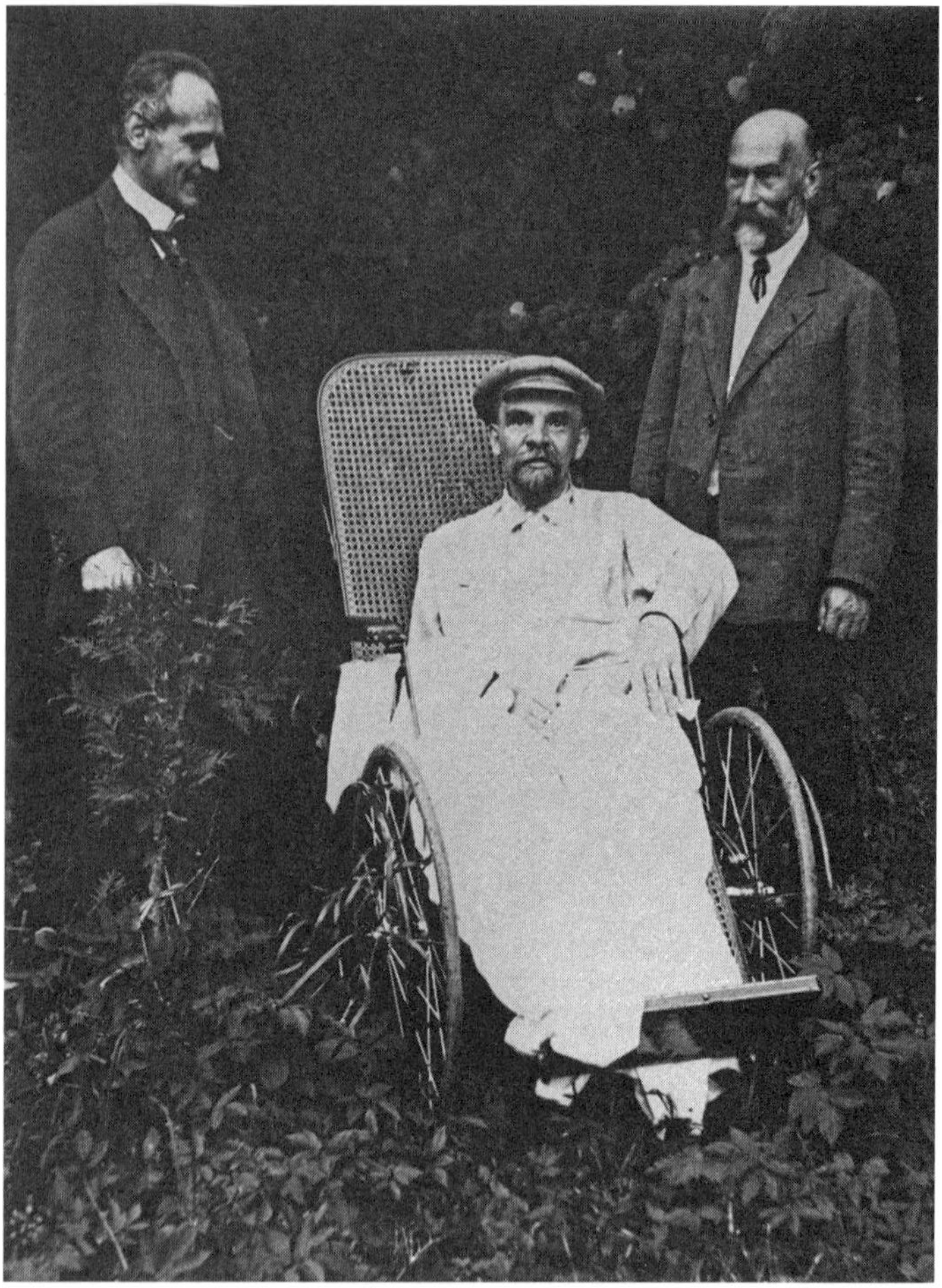

幽閉されたレーニン

1923年夏ごろに撮られた、レーニン（1870〜1924）の最後の写真。公式には、脳梗塞による4度目の発作で死去したとされる。この写真のころには、ほとんど廃人状態であった。スターリンが実権を握った。

にアメリカの力が強くなった。ニューヨークからモスクワに派遣された医師団や銀行家の集団が、奇妙な動きをしている。

これらが、近年の文献で次々と明らかになっている。

スターリンとロックフェラー家

ロシアの10月革命（ボリシェヴィキ革命）は、はじめのうちは、ロスチャイルド家が資金を出して、大英帝国と世界各地（たとえば、アフガニスタン、トルコ、フィンランド、チベット、満州）で、ロシアのロマノフ王朝と、激しくいがみ合っていた。ロスチャイルド家が、レーニンたちを使って、ロシア帝政を打倒させたのだ。

ところが、レーニンは革命に成功したとたんに「革命をヨーロッパに輸出する。ヨーロッパの国王と大資本家たちの首をちょん切る」という動きに出て、「第3インターナショナル」という国際共産主義運動を始めた。これは自分たちを操ったロスチャイルド財閥に対する大きな裏切りである。

1920年には、レーニンは、病に倒れて、次の指導者である残虐なスターリンに監禁されてしまう。スターリンは、はじめから、米ロックフェラー家につながっており、米国からの資金を受け取って、ロシア国内を厳しい統制体制に置き、共産主義恐怖政治を行ない、国中を牢獄、収容所国家にしていった。

人類の理想を追い求めた者たちは、どこの国でも、騙《だま》されて、ひどい目に遭って、強制収容所（コンセントレーション・キャンプ）や牢獄で殺されていった。だから「誰が見ても正しいと思う主張」など簡単にするものではない。「立派な考え、正しい考え」をまず疑って警戒しなければ、その人は、大きく騙されてひどい目に遭う。１９２０年ぐらいから、世界の共産主義運動の資金源となっていたのは、なんとニューヨークのロックフェラー家なのである。

彼らは、世界中を「自由と平和と平等の社会」にすると考えた。そして自分たちロックフェラー家が、その上に立って指導する。そして地上に理想社会を実現する。平等になった、すなわち、平等な奴隷として飼い殺しにされてしまった世界中の人々を〝哲人政治家〟の自分たちが、上から「導き指導する」。そのような理想社会の実現に、半《なか》ば本気になって動いたのである。

だから、自由や平等や人権尊重などという、誰も反対できない、美しくて立派な言葉を私たちに上から問答無用で焚《た》きつける動きに対しては、「いや、待てよ」と注意し警戒しなければならない。大事なことは、疑うことだ。用心する気持ちだ。

現在の日本では80歳すぎの身寄りのない老婆《おばあさん》たちは、高層ビルの福祉病院の中のベッドにズラリと並べられている。携帯電話とおまんじゅうも取り上げられる。生ける屍《しかばね》とされている。コンパクト・シティ構想という。これが、人命尊重の思想が行き着いた果ての理想社会の姿なのである。

中東での両家の争い

中東アラブ世界でも、ロックフェラー家が1914年からは楔《くさび》を打ち込んで、背後から謀略で支配していった。

アラブのベドウィン族（砂漠の民）たちは、自分たちが尊敬するイスラム教の正当の教主《カリフ》の家柄であるハーシム家に結集した。アラブ人たちは、オスマン・トルコ帝国の600年間の支配から脱出することを誓った。これをイギリス国家情報部が手助けした。これが映画『アラビアのロレンス』の背景である。アラブ人を愛したトーマス・E・ロレンス中佐*は、イギリス情報部の将校だ。イギリス外務省はロスチャイルド家の意思で動いた。

イスラム教の創立者、預言者ムハンマド（モハメッド）の正統の血筋は、ハーシム家に

***トーマス・E・ロレンス中佐**　考古学者。第1次大戦時の召集で情報将校に。オスマン帝国に対するアラブ人の反乱を支援。除隊から2カ月後に事故死（1935年）。

イブン・サウドとフランクリン・D・ルーズベルト

イブン・サウド（左、1876〜1953）と会談するフランクリン・D・ルーズベルト（右、1882〜1945）。1945年2月4日のヤルタ会談からの帰途における、スエズ運河近辺での洋上会談。安全保障と石油の安定供給について話し合われた。この会談で、戦後の中東の位置づけが決まった。「サウド家のアラビア」ということで、サウジアラビアとなっている。イブン・サウドは、イスラム教ワッハーブ派をサウジアラビアの国教としている。

伝わっていて、現在のヨルダン王家やイラクに血筋が残っている。

それに対して、イブン・サウドという暴力的な男を、米ロックフェラー家が後押しした。この男に権力を握らせて、イギリスとフランスの力をアラブ世界から追い落とした。そしてできたのが現在の「サウド家のアラビア」すなわち、サウジ・アラビアである。だから、イブン・サウドのサウド家（リヤドの大守《カリフ》の家柄）は、ハーシム家を正統のアラブの統一者と考える人々からすれば権力の簒奪《さんだつ》者である。サウジアラビアの歴代の国王は今もイブン・サウドの直系の子供たちである。

チャーリー宋と孫文

中国・極東でも、1914年を境にやっぱり、アメリカ（ロックフェラー家）の力が強くなった。

中国では孫文《そんぶん》が、南の広東省から攻めあがった。中国の秘密結社である「三合会《さんごうかい》」「哥《か》老会《ろうかい》」の幇《パン》*や、東京の赤坂でつくられた「中国革命同盟会」などを軸にして革命を達成した。満州族が支配した清《しん》朝（チン・ダイナスティ）。大清帝国）を打倒した。これが辛亥《しんがい》革命（1911〜12年）である。映画『ラスト・エンペラー』に描かれた世界である。

孫文は、チャーリー・宋《そう》（宋嘉樹《そうかじゅ》）の娘で、〝宋三姉妹〟の次女である宋慶齢《そうけいれい》と結婚して、浙江《せっこう》財閥の後押しを受けるようになった。浙江財閥は、アメリカの後押しでできた中国の華僑の財閥だ。今も中国共産党の中の石油党や太子《たいし》党と呼ばれる、金に汚い最高幹部たち（「上海閥」という）につながっている。

だから、孫文を助けた宮崎滔天《とうてん》や、頭山満《とうやまみつる》、犬養毅《いぬかいつよし》らの三井＝ロスチャイルド系の政治家や、右翼の大物たちが、中国人たちとの関係でギクシャクしはじめる。

香港と上海を地盤にしているイギリス・ロスチャイルド家の勢力が、アメリカ・ロック

＊幇 中国の秘密結社。宋代に始まったとされる。同業・同郷・同族の者が、経済的な互助活動を主な目的として、海外などの異郷で組織した。

フェラー家にじわじわと追い落とされていった。

宋三姉妹の三女である宋美齢《そうびれい》が、孫文亡きあとの国民党を率いた蔣介石《しょうかいせき》と結婚したのが、1927年のことだ。蔣介石が北伐で、上海を占領したときである。ここに、大きなアメリカによる、中国奪い取りの反イギリスの動きがあった。

そして、ロスチャイルド家の力を追い落とすために、米ロックフェラー家は、なんと、このあと共産主義者の毛沢東を操《あやつ》った。アメリカは背後から武器・弾薬と資金を毛沢東の共産軍に与えて、蔣介石の国民党政府を1949年までに「国共内戦*」で打倒させたのである。統幕議長のジョージ・マーシャル（「マーシャル・プラン」の男）が毛沢東のいた延安まで行っている。騙《だま》された蔣介石は台湾に逃げた。

だから、このロスチャイルド家とロックフェラー家の闘いは、今も極東（東アジア）でも続いているのである。

日本も当然ながら、この抗争に大きく巻き込まれている。

明治維新後の日本は、イギリス・ロスチャイルド戦略で、上手に動かされてきた。そして極東で、いち早く「近代化」を達成した。

前述したが日露戦争（1904年）の軍資金1000万ポンドを、米国のクーン（キューン）・ローブ商会総代理人のヤーコブ・シフを介して、日本に借款して、強力に支援し

***国共内戦**　蔣介石率いる中国国民党と、毛沢東率いる中国共産党との間で、1946年7月から1949年12月にかけて行なわれた内戦。国民党軍が敗退し台湾へ撤退した。

たのもイギリス・ロスチャイルド家である。

１９２３（大正12）年に起きた関東大震災の復興債を引き受けたのも、イギリス・ロスチャイルド家に忠実なモルガン商会のトーマス・ラモントであった。

そのあと日本は、大きな勘違いをして「自分も欧米の列強（諸帝国）と対等だ」と思い込んで、中国やアジア諸国への軍事侵略を始める。日本をそそのかして、中国侵略に駆り立てたのは、アメリカのロックフェラー家である。

ここには香港と上海を大きな拠点とするイギリスのロスチャイルド家の中国での力を、日本の力を使って追い落として、アメリカが中国をイギリスから奪い取ろうという大きな計画があったからだ。

１９３２年に、満州国が建国される。これは、ロスチャイルド家の支援を受けた事業であった。国際連盟（ザ・リーグ・オブ・ネイションズ）のリットン調査団は、「満州は中国ではないので満州までは日本の支配を認める」と言ったのだ。「しかし中国には手を出すな」と。長春、ハルビン、大連に、ロシア人が作った西欧風の建物が立ち並ぶ豪華さは、およそ日本人の感性とは思えない。

ロスチャイルド家が、亡命ユダヤ人たちの為に、今のイスラエルのような国を満州に作る計画を立てていた。

この新国家建設計画を「フグ・プラン」*と呼ぶ。岸信介ら革新官僚と、石原莞爾《いしわらかんじ》ら関東軍が共にこれを推進した。「王道楽土」と呼んだ。彼らは、イギリスのロスチャイルド家の代理人たちから、満州国建国計画を身をもって教わった。

ところが、頭の足りない、世界の大きな仕組みが分からない日本の他の軍人たち（山縣《やまがた》有朋《ありとも》が頭目）が、日本国を、世界を敵に回して暴走しはじめた。大きくは米ロックフェラー家に操《あやつ》られた。

イギリスは、自分の配下である日本の三井財閥や、渋沢栄一の力を使って、何とか、アメリカによる日本の戦争への扇動を阻止しようした。だが、失敗した。

その動きの中で日本の三井ロスチャイルド系の政友会の政治家たちが次々と殺されていった。政友会の政治家で、国民に尊敬されていた〝平民宰相〟原敬、犬養毅、高橋是清たちがこの時期に、次々と暗殺されていった。「5・15」、「2・26」事件などである。

アメリカが深く画策した、日本の中国侵略が実行された。そして日本は敗戦した。イギリスを追い出してアメリカの日本支配が始まった。

***フグ・プラン** フグには毒があるがうまく調理すればこれほどおいしいものはない、というのが名の由来。ユダヤ人国家建設の有益性と危険性をフグに例えた。

第4章

戦後のロスチャイルド家

2つの世界大戦で弱体化した一族

2つの大戦とロスチャイルド家の悲劇
――ヨーロッパが戦火の時代に直面した苦難

「真犯人は被害者のそばにいる」

1914年からの第1次世界大戦。引き続いて1939年からの第2次世界大戦で、ヨーロッパの大都市は火の海になって、ほとんどが瓦礫《がれき》の山になった。

このときロスチャイルド家の各家も甚大《じんだい》な被害を受けた。それぞれの屋敷や豪邸も外国の軍隊に接収*されたり、民衆の暴動で荒らされたりした。

ロスチャイルド家の紋章にある〝5本の矢〟は、5人の息子が互いにケンカをしないで仲良く商売をやって繁栄せよ、という初代マイヤー・アムシェルの大きな家訓を意味する。これは今でもよく知られている有名な話だ。

ところが、ヨーロッパ全土が戦場となり、諸都市が爆撃で廃墟となる時代が来ると、ロスチャイルド家はそれぞれ国が違うので一族どうしで利害が衝突するようになり、最終的

***外国の軍隊に接収**　ウィーン家の豪邸はナチスに接収され「ユダヤ移民局」となった。パリ家の「フェリエールの館」もナチスに接収され装飾品を丸ごと奪われた。

ナチスに押収されたロスチャイルド家の財宝

写真は戦後、連合軍が宝石を取り返した時の様子である。「国際ユダヤ資本」を陰謀の元凶と狂信するナチスにとって、ロスチャイルド家はその権化であった。ナチスは、反ユダヤ主義をあおるプロパガンダ映画（『ワーテルローの勝者　ロスチャイルド家』〈1936〉、『ロスチャイルド家』〈1940〉）を制作上映し、「世界支配を狙う者たち」として描いた。1938年のオーストリア併合の際には、ウィーンに残っていたルイ・ナサニエル・ロスチャイルド男爵を連行し、全財産を没収、国外追放に処した。戦後も、男爵は戻らず、子孫もなく、ウィーン家は絶えた。第2次大戦終了時、ロスチャイルド家はロンドン家とパリ家のみとなった。

には、同族で戦うという悲劇を内部に抱え込んだ。

加えてロスチャイルド家の人々は、2つの大戦中に兵役に服したり、捕虜《ほりょ》*になったりして、ひどい目に遭っている。

自分の邸宅が燃えたり、多くの同族の者が死ぬ結果になった戦争の原因を、ロスチャイルド家自身が仕組んだであろうか。

いや、そうではない。殺人事件の真犯人は、いつもニコニコと善人のふりをして、何食わぬ顔をして、被害者たちのすぐ側にいる。「真犯人はいつも被害者のそばにいる」という真理は、ミステリー小説の神髄《しんずい》である。ここでイギリス文学は、人間洞察の点で最高レベルに達した。

ヨーロッパ全土が2回も火の海になったのに、ヨーロッパ人であるロスチャイルド家がその元凶だということはありえない。

やはり、ヨーロッパ人たちを大きく騙《だま》して互いに争わせて、没落させた勢力が別にいる。

彼らが、本当の犯人である。やはりそれはアメリカであり、ニューヨークの金融財界人たちである。ということは、その筆頭であるロックフェラー家が最も怪しい。

オーストリア＝ハンガリー帝国（ハプスブルク家）は、ヨーロッパのど真ん中で大きく

***捕虜**　パリ家のエリーとアランも1940年に独軍につかまり捕虜となった。ウィーン家の末裔ルイもナチスの人質となり全財産の拠出と引き換えに釈放された。

て上品な帝国であった。これを消滅させるほどの力を持つのは、米ロックフェラー財閥以外にはないと、私は断定する。

アメリカに騙されたヨーロッパ人

ヨーロッパは2つの大戦がなければ今も貴族文化が続いて、大繁栄を続けていただろう。

今になって、ヨーロッパ人は「自分たちは、どうもアメリカに大きく騙された」と漸《ようや》く気づいたようだ。そのあと、ソビエト・ロシア（ソビエト共産主義）という北の〝赤いヒグマ〟と、核兵器による恐怖の均衡（東西冷戦《コールド・ウオー》）という2つの仕掛けをアメリカ（ロックフェラー家）につくられて、ヨーロッパ人はずっと抑え込まれ脅《おびや》かされることになった。

それなのに、どうしてロスチャイルド家が世界を支配する大陰謀を20世紀になってもまだ、行なっていると考えるのか。

故意にそのように考える人々は、怪しい裏のある人々だ。ハッキリ言えば、米ロックフェラー家にそそのかされて、「ロスチャイルド家の陰謀」を書くように仕向けられている人々である。石油とともに勃興した米ロックフェラー財閥が、意図的に作って流す「ロスチャイルド・ユダヤ財閥の陰謀」というキャンペーンだ。

ロックフェラー家はドイツ系のユダヤ人

ロックフェラー家は、前述したがヨーロッパの北ドイツのロッゲンフェルダー村の農民である。ドイツ王によって、傭兵《マーシナリー》用に訓練された貧乏な兵隊の子孫である。3万人の兵隊がイギリス王に売られてアメリカに連れて行かれた。そしてジョージ・ワシントンらのアメリカ独立軍と戦わされた。そしてその後、アメリカで農民になった。そして怪しい薬を作って売る商人になった。

ロックフェラー家自身は、自分たちが雇った特殊なジャーナリストたちに「ロックフェラー一族の家系図」という本を書かせて、「ロックフェラー家は、イギリス北部のスコットランド人の立派な家系で、宗教はメソジスト（上品なプロテスタントの本流）である」という、家柄詐称《さしょう》をやっている。そういうキャンペーンを盛んに書かせて流している。

さらには、「ロックフェラー家はユダヤ系ではない」という嘘のキャンペーンも張っている。知恵のあるアメリカ人たちは、鼻で笑っている。ロックフェラー家はドイツ系のユダヤ人である。

ロックフェラー家の劣等感

ヨーロッパの230年前からのユダヤ金融財閥であり、名家となったロスチャイルド家に対して、ロックフェラー家は頭が上がらず劣等感がある。

アメリカ合衆国は、イギリスからやってきた貧困層がつくった国だ。ヨーロッパから流れ込んできた、貧乏な農民や食《く》い詰め者たちが、作った国である。ただし、そのようにあからさまには学校の教科書では教えない。

1914年に世界覇権を奪い取るまで、ロックフェラー家は、ロスチャイルド家のニューヨークの大番頭たち（ウォーバーグ家やモルガン家）から、お金を借りていた。ロックフェラー家はロスチャイルド家に従属した時期があるのである。

それで、ロックフェラー家の人間たちは、ロスチャイルド貴族がキライだ。ロックフェラー家にしてみれば、自分たちよりも金融業者として先輩であり、格の高いヨーロッパの貴族の称号まで持つロスチャイルド家への卑屈な感情がある。

だから、戦後すっかり弱体化したヨーロッパ人を抑えつけるために、ロスチャイルド家の「陰謀」を言いつのる。

ロックフェラー1世と2世
ロックフェラー1世(左、ジョン・ダヴィソン・ロックフェラー・シニア、1839〜1937)と、ロックフェラー2世(右、ジョン・ダヴィソン・ロックフェラー・ジュニア、1874〜1960)。日本でよく聞く"ロスチャイルド陰謀論"は、ロックフェラー家サイドがロスチャイルド家への卑屈な感情から広めさせている。

ロックフェラー家が、日本という東アジアのはずれの島国にまで「ロスチャイルドの陰謀を唱える者たち」を盛んに書かせている。私はこのことが不愉快である。

イスラエル建国とロスチャイルド家

――中東でのユダヤ人国家建設を強力に支援

「バルフォア宣言」とロンドン家

中東《ミドルイースト》のユダヤ人国家、イスラエルが建国されたのは、1948年5月14日である。ベングリオン初代首相が率いた「イルグーン団」という民族主義者の集団がつくった国だ。第2次世界大戦が終わった後である。この日に独立宣言をしている。

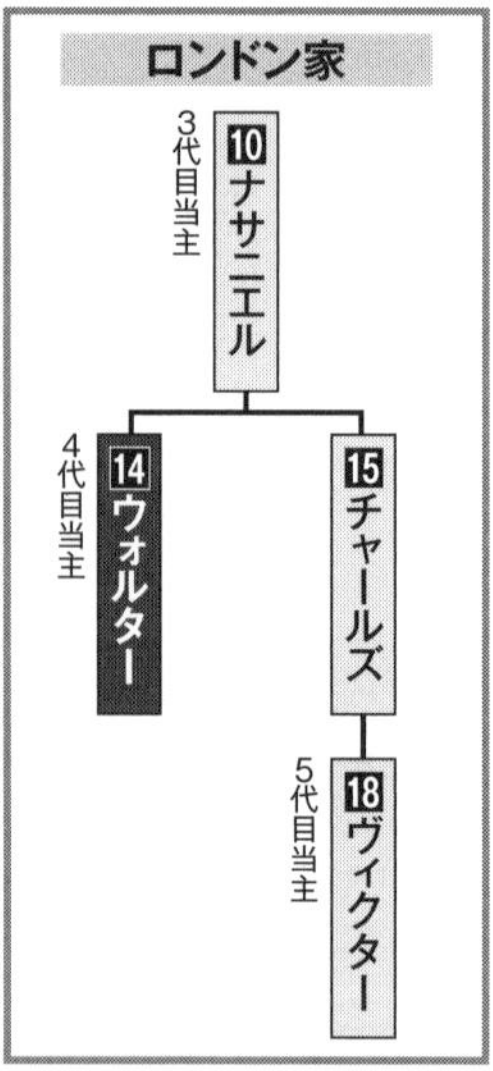

この独立宣言が原因で、すぐに戦争になる。アラブ・イスラム教徒側は黙っていなかった。その前後からずっとアラブ・パレスチナ人たちとの殺し合いである。そして、今につながっている。

今の中東・アラブ問題の発端となり、原

「バルフォア宣言」を受け取ったウォルター

Walter Rothschild（*1868*〜*1937*年）

第2代ロスチャイルド男爵14ウォルター・ロスチャイルド（1868〜1937）は、ロンドン家の嫡流であるが、動物学研究に熱中して、銀行業には興味を持たなかった。動物学者としては有能で、彼によって新発見された動物は数多い。有名なところでは、ロスチャイルド・キリンがある。シマウマで馬車を仕立てて、ハイドパークを回るような、面白い人物だったらしい。

「バルフォア宣言」とは

「バルフォア宣言」とは、第1次世界大戦中の1917年11月2日、英外相のアーサー・バルフォア（1848～1930）から14ウォルター・ロスチャイルド卿に送られた書簡のことである。イギリス政府がイスラエル国の建国を目指すシオニズムを支持すると表明し、そのことをシオニスト連盟に伝えるよう依頼するものであった。

以下はその和訳文。

アーサー・バルフォア

ウォルター宛ての手紙

外務省
1917年11月2日
親愛なるロスチャイルド卿

私は、英国政府に代わり、以下のユダヤ人のシオニスト運動に共感する宣言が内閣に提案され、そして承認されたことを、喜びをもって貴殿に伝えます。

「英国政府は、ユダヤ人がパレスチナの地に国民的郷土を樹立することにつき好意をもって見ることとし、その目的の達成のために最大限の努力を払うものとする。ただし、これは、パレスチナに在住する非ユダヤ人の市民権、宗教的権利、及び他の諸国に住むユダヤ人が享受している諸権利と政治的地位を、害するものではないことが明白に了解されるものとする。」
貴殿によって、この宣言をシオニスト連盟にお伝えいただければ、有り難く思います。

アーサー・ジェームズ・バルフォア

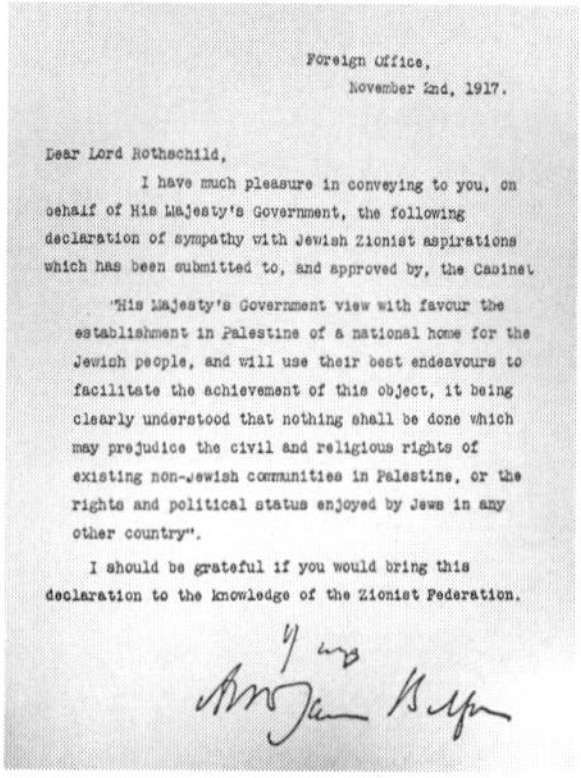

Foreign Office,
November 2nd, 1917.

Dear Lord Rothschild,

I have much pleasure in conveying to you, on behalf of His Majesty's Government, the following declaration of sympathy with Jewish Zionist aspirations which has been submitted to, and approved by, the Cabinet

"His Majesty's Government view with favour the establishment in Palestine of a national home for the Jewish people, and will use their best endeavours to facilitate the achievement of this object, it being clearly understood that nothing shall be done which may prejudice the civil and religious rights of existing non-Jewish communities in Palestine, or the rights and political status enjoyed by Jews in any other country".

I should be grateful if you would bring this declaration to the knowledge of the Zionist Federation.

因を作ったのが、「バルフォア宣言」と呼ばれるイギリス政府の外交方針であった。

バルフォア宣言というのは、当時のイギリスの外相であったアーサー・バルフォアが1917年に出した、中東処分に関する手紙（政府公式書簡）のことである。この書簡は、「イギリス政府は、以後、中東の政策においてイスラエル人の祖国復帰運動である国家建設を認める」という内容であった。

そして、この書簡を受け取った人物が、まさしくロンドン家4代目当主の⑭ウォルター・ロスチャイルド（1868～1937年）なのである。日露戦争の前年に、京都で芸者遊びをしていた優男《やさおとこ》の⑮チャールズの兄だ。次男のチャールズが、極東（中国や日本）の管理を兄のウォルターから任《まか》されていたのだろう。

長男のウォルターが父の⑩ナサニエル（ロンドン家3代目）と共に大英帝国の財政を実質的に握っていた。当時のイギリスの中東支配も、このウォルターが取り仕切っていたのである。

バルフォア書簡がウォルター宛てに出された1917年の11月2日と同じ月に、ロシア革命がピークに来ている。レーニンとトロツキーが、ケレンスキー政権を打倒して「10月革命（ボリシェヴィキ革命）」で権力を握った。

このロシア革命も、ロスチャイルド家、すなわち、ウォルターたちによって計画的に勃発させられた。だがこのあとロックフェラー家によって、ソビエト・ロシア利権は奪い取られた。レーニンが「ヨーロッパの王たちと大富豪を処刑する」と表明した。

あの地域で何が起きているのか

１９１７年の「バルフォア宣言」から、パレスチナ（イスラエル）の土地に、ヨーロッパのアシュケナージュ・ユダヤ人*たちが、どんどん帰還した。そして入植し開拓して、乾燥した大地に水を引き、定住する運動が起こった。そしてイスラエル建国の動きが起こった。だがこれには、密約（秘密条約）のサイクス・ピコ協定（１９１６年）とフサイン＝マクマホン協定（１９１５年）という裏取引*もあった。

私たち日本人は遠くから眺めていて、いったい、あの地域 region《リージョン》 で何が起きているのか今も全体図が分からない。誰も分かりやすく説明しない。大喧嘩をしている両当事者がいるわけだから、当然、両者の言い分がある。

イスラエルを建国した暴力的なユダヤ人たちの言い分と、それまで自分たちが平和に暮らしていたパレスチナのアラブ人たち（旧約聖書に出てくるカナーンの地のカナーン人）たちの言い分は、真っ向から対立する。

***アシュケナージュ・ユダヤ人**　バビロン捕囚後に離散したユダヤ人のうち、主に東ヨーロッパに定住した集団（とその子孫）のこと。

今ではパレスチナの土地のほとんどは、イスラエルの領土になってしまっている。隅《すみ》っこのほうに追いやられて住んでいる700万人のパレスチナ人たちは、貧乏で、苦しい生活をしている。国連とアメリカ政府は両者を和解させるために、何度も話し合いの機会をつくった。しかし、長い歴史の因縁《いんねん》を持つことであるから、この民族間紛争は、ちょっとのことでは収まらない。

それでも最近は「2国家共存」策という考え方が現実味を帯びている。両方の多くの人が支持している。お互いを国家として承認しあい、なるべく軍事衝突を避けながら、それぞれが生き延びるという考え方になりつつある。

いちばん新しい学説は、なんと、パレスチナという言葉の語源は、パリサイ人(Pharisee《ファラシー》)そのものだとする。これには私も驚いた。ということは、パレスチナ人と呼ばれているアラブ人たち自身が、古代からのユダヤ人である。彼ら本物のユダヤ人はずっとパレスチナで生きて来たのだ。

この新説は、2008年にテルアビブ大学のリベラル派のシュロモ・サンド教授が提起した。みんな、驚いた。そういえばそうなのである。アラブ人もユダヤ人も英語では、セム族という語族(言語《ランゲッジ》から見た場合の民族《トライブ》のこと)である。セム族(Semite《セマイト》)は、ユダヤ人とアラブ人の両方を含む。だから、両者は人種的に区別がつかないし人種はまったく同じ

***裏取引**　サイクス・ピコ協定は英仏による中東分割。フサイン＝マクマホン協定は、アラブ独立を約束。バルフォア宣言を含む3協定は相互矛盾していた。

である。宗教がちがうだけだ。こんな妙な話になってしまった。

それではなぜ、これほどに両者はいがみあって争うのか。だから、それは宗教の違いだと言うだろうが、私はそうは思わない。人間は宗教（信仰）で生きているわけではない。今度は、だから人種（民族）間の憎しみあいなのだ、と言うだろう。だが、彼らは同じ人種だとすでに言ったではないか。物事は、このように正確に積み上げていくと、大きな知恵（知識）の力で解決に向かうのである。変に細かい知識をひけらかしたり、意固地になったほうが負けである。

1894年の「ドレフュス事件」

中東イスラエルの土地にヨーロッパのユダヤ人たちが、どんどん移り住むようになったのは、そんなに古いことではない。19世紀末の1894年にヨーロッパで起きた運動があった。それをシオニズム（Zionism）《ザイオニズム》という。今のエルサレムの〝シオンの丘〟に帰ろうというユダヤ人たちの回帰運動である。祖国復帰運動ともいう。

このシオンの丘が、ユダヤ教徒にとっての聖地であり、ソロモン王が紀元前1000年頃に宮殿を造って住んでいたところである。だから、ヨーロッパ・ユダヤ人（主にアシュケナージュ・ユダヤ人）たちが「私たちはこんなにいじめられるのだったら、自分たちの国を持とう」という切実な願いを抱き、聖書《バイブル》（モーセ五書《トーラ》）に記されている地であるパレスチナへの入植運動が始まった。

直接のきっかけとなったのは、パリで起きた1894年の「ドレフュス事件」である。ユダヤ系のフランス軍人であったドレフュス大尉が、多くの連隊兵士の見守る中で上官から「おまえは、外国のスパイだ」と辱《はずかし》めを受けて自分のサーベル（洋剣）をへし折られて投獄された事件から始まる。これがヨーロッパにおける公然たる反ユダヤ感情の爆発であった。

ドレフュスは無実であることが後に判明するのだが、いったん火がついてしまったフランス国内の反ユダヤ感情は収まる気配がなかった。この時期のヨーロッパ全体は戦争もなくて大繁栄のバブル経済真っ盛りである。人々（といっても貴族や市民階級の裕福な人々）は、株や債券に投資して、大儲けしたり大損したりしていた。自分たちも欲ボケ人間のくせに、市場を裏で操《あやつ》っているのは、強欲なユダヤ人たちであるという噂や、流言飛語が飛び交って、ユダヤ人差別感憎がヨーロッパ中に沸き起こった。

エミール・ゾラの糾弾

「ユダヤ人差別」のことをanti-semitism《アンチセミティズム》という。直訳すれば、「反セム語族差別感情」のことである。アラブ人への差別をも含む。

このドレフュス事件に怒った作家のエミール・ゾラが、『私は糾弾する《ジュ・アキューズ》』すなわち「ユダヤ差別に反対する」という評論文を書いて大きな評判をとった（1898年）。ゾラは殺人予告を受けて逃亡して苦労した。この頃からヨーロッパ・ユダヤ人たちが、自分たちのもともとの祖国（といっても2000年ぐらい前の話）に帰ろうという運動を始めた。

運動の代表者は、テオドール・ヘルツェルという人物である。パレスチナの地に古代からずっと住み続けていたユダヤ人（ユダヤ教徒、スファラディ・ユダヤ人*）はほとんどいない。そこへ、10万人、20万人と帰還運動を行ない、荒地に入植していった。そして、そこに定住し、勤勉の精神そのものの人々であるから、その地を開墾して緑の豊かな地に変えていった。

しかし、その一方で、やっぱり、昔からの現地人であるパレスチナ人との衝突が起こり、やがて激しい憎しみの関係に入っていく。土地争い、水争いであるから、理屈を超え

***スファラディ・ユダヤ人**　バビロン捕囚後に離散したユダヤ人のうち、主に南ヨーロッパに定住した集団（とその子孫）のこと。

ドレフュス事件の様子を描く2枚の絵画。「官位剥奪式で上官がドレフュスのサーベルをへし折る様子」と「ドレフュス事件の裁判の様子」。ドレフュス事件は、1894年、フランス陸軍参謀本部のユダヤ人大尉アルフレド・ドレフュスがスパイ容疑で逮捕された事件。冤罪であった。軍は真犯人を突き止めたが、隠ぺいを図ろうとし、作家のエミール・ゾラに告発され再審を求められた。1906年にドレフュスに無罪判決。軍の権威は大いに失墜した。この事件を取材していた新聞記者テオドール・ヘルツェルは、ユダヤ人差別と偏見を目の当たりにし、ユダヤ人国家建設を目的とするシオニズムを提唱した。

て、自分たちの生活と生存のための厳しいいがみあいとなっていく。

パリ家エドモン・ジェームズの支援

この時期に、パリ・ロスチャイルド家の❾エドモン・ジェームズ・ロスチャイルド卿（1845～1934年、男爵）が重要な役割を果たす。このエドモン・ジェームズは、パリ家初代当主である〝鉄道王〟❻ジェームズの三男坊である。

エドモン・ジェームズは、ロイヤル・ダッチ・シェル社をまんまと乗っ取ることで、すでに巨額の資産を築いていた。彼はこの資金をこのあと、イスラエルにどんどん入植していくヨーロッパの貧しいユダヤ人たちを助けるために、生涯使い続けた。自ら入植地の一つに住み着いて、ユダヤ人の祖国帰還運動を支援し続けた。

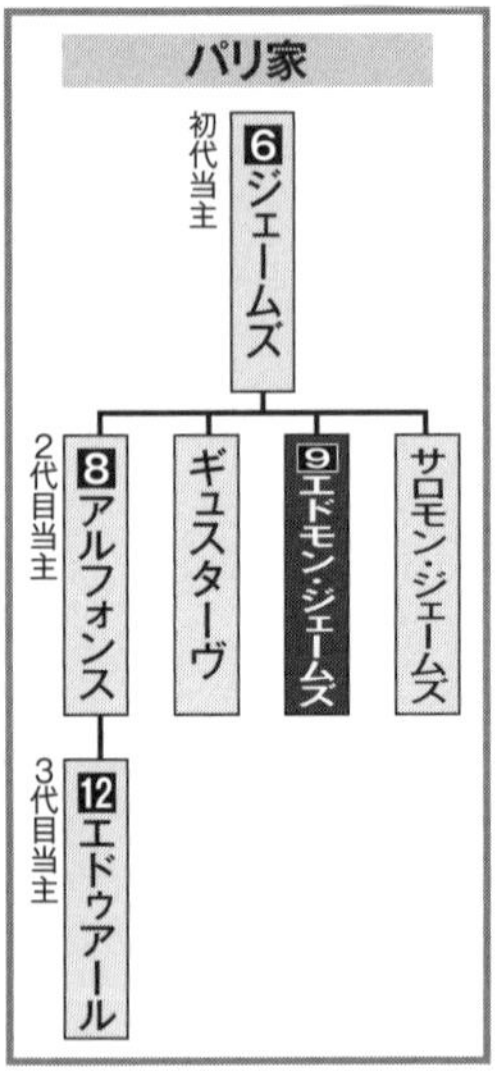

彼は、過激なシオニスト（Zionist、ザイオニスト）ではなかった。ダヴィド・ベングリオン（イスラエル初代・第3代首相）らは正真正銘のシオニストで、どんな強硬な

“現代イスラエルの父”
エドモン・ジェームズ

Edmond James de rothschild（*1845～1934*年）

9

エドモン・ジェームズ・ロスチャイルド（1845～1934）は、パリ家の一員。ロイヤル・ダッチ・シェル社を乗っ取って巨額の資産を得た。それを、ヨーロッパの貧しいユダヤ人がイスラエルに入植してゆくのを助けるためにつぎ込み続けた。シオニストとは距離を置き、アラブ人との平和共存を唱えた。「世界シオニスト機構」の代表就任の依頼も断った。

“イスラエル建国の父”

ダヴィド・ベングリオン

ダヴィド・ベングリオン（1886〜1973）は、イスラエルの初代・第3代首相である。イスラエルの苦難の“建国の父”。ポーランド生まれのユダヤ人で、シオニズムの指導者として活動した。1948年5月14日、イスラエルの建国を宣言。第1次中東戦争（1948年5月15日〜1949年3月10日）を勝利に導いた。

手段を使ってでも建国すると堅く決意して、そのとおりに実行した。エドモン・ジェームズはそういう過激な政治家たちとは一線を画した。

　エドモン・ジェームズは、荒っぽいベングリオンたちを渋々と資金面で支援しながらも、その一方で、イスラエル建国には賛成しなかった。「2000年前の旧約聖書（ユダヤ教の聖典）の記述があるからといって、ユダヤ人たちがパレスチナ人を追い出して、そこにイスラエルを建国したら、必ずアラブ人との戦争になる。だから私は、イスラエル建国には必ずしも賛成できない。入植までにすべきだ。平和共存すべきだ」と主張し続けた。エドモン・ジェームズは温和な人物だった。

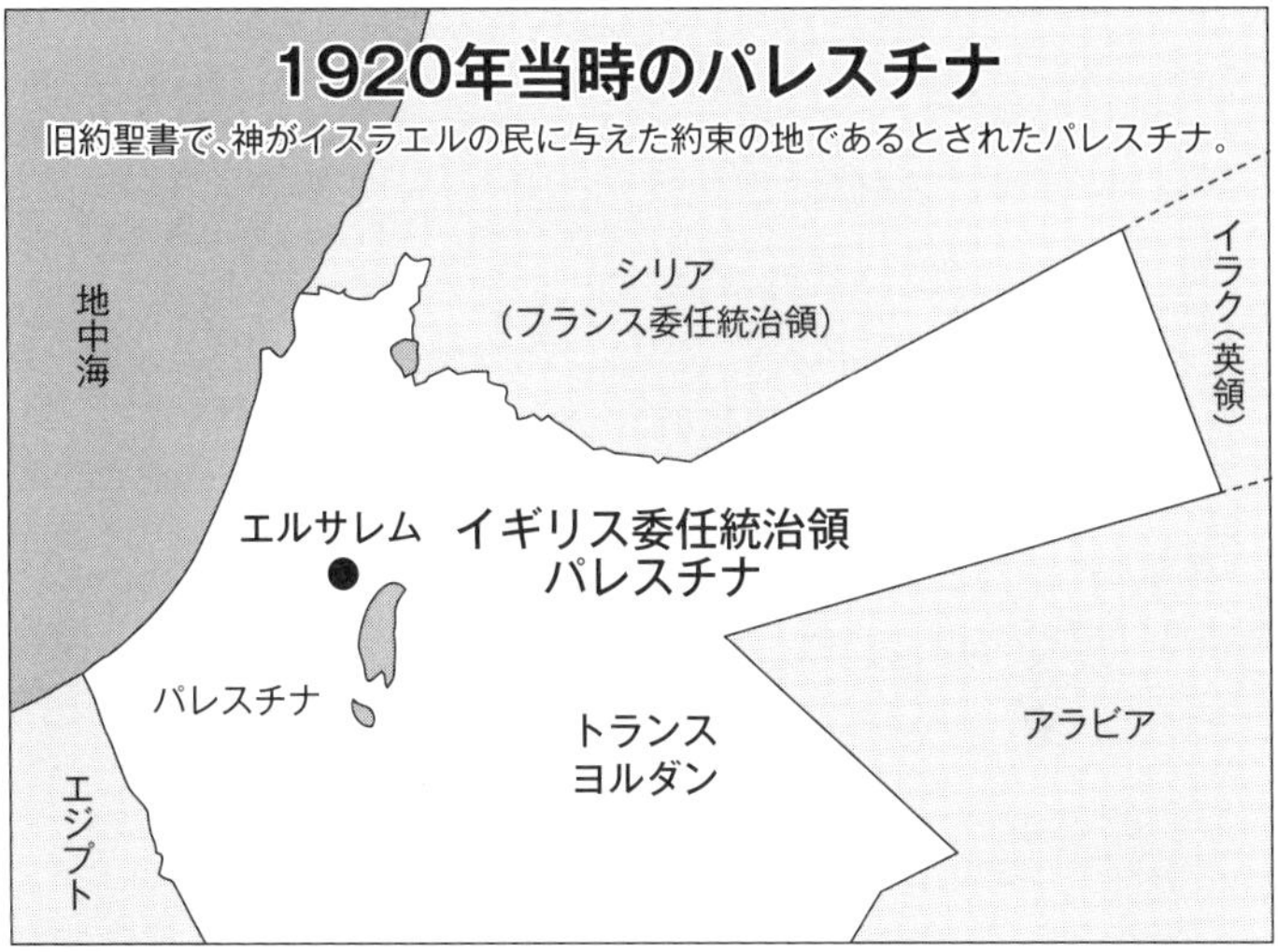

1920年当時のパレスチナ

旧約聖書で、神がイスラエルの民に与えた約束の地であるとされたパレスチナ。

〝現代イスラエルの父〟

この温厚な考えは、しごく真っ当なものであり、世界基準《ワールド・ヴァリューズ》の優れた考えだ。強硬な過激派である現在のイスラエルの指導者たちにとっては、耳の痛い存在だっただろう。エドモン・ジェームズの「どうなろうと、どうせアラブ人たちと仲良く暮らさなければならないのだ」という魂が今のイスラエルを救うのではないか。だから、彼は今も多くのユダヤ人たちに感謝されていて、〝現代イスラエルの父〟と呼ばれている。ダヴィド・ベングリオンが〝建国の父〟である。第5代の女首相ゴルダ・メイアはベングリオンの愛人である。苦労したベングリオンたちよりももっと凶暴

活躍したロスチャイルド家の人々

（名前の文字色が白の人）

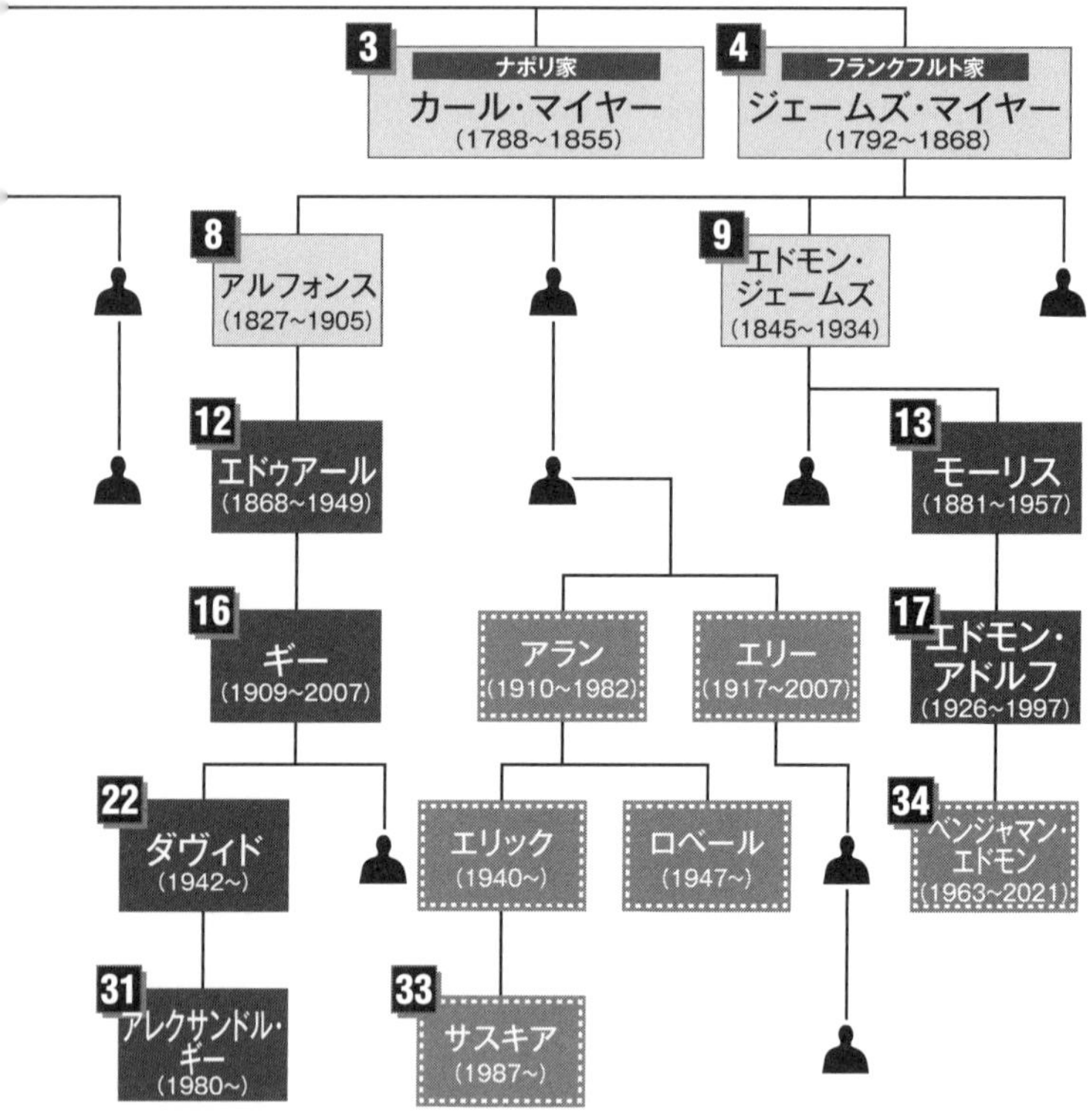
3
ナポリ家
カール・マイヤー
(1788~1855)
4
フランクフルト家
ジェームズ・マイヤー
(1792~1868)
8
アルフォンス
(1827~1905)
9
エドモン・ジェームズ
(1845~1934)
12
エドゥアール
(1868~1949)
13
モーリス
(1881~1957)
16
ギー
(1909~2007)
アラン
(1910~1982)
エリー
(1917~2007)
17
エドモン・アドルフ
(1926~1997)
22
ダヴィド
(1942~)
エリック
(1940~)
ロベール
(1947~)
34
ベンジャマン・エドモン
(1963~2021)
31
アレクサンドル・ギー
(1980~)
33
サスキア
(1987~)

第二次大戦中から現在にかけて

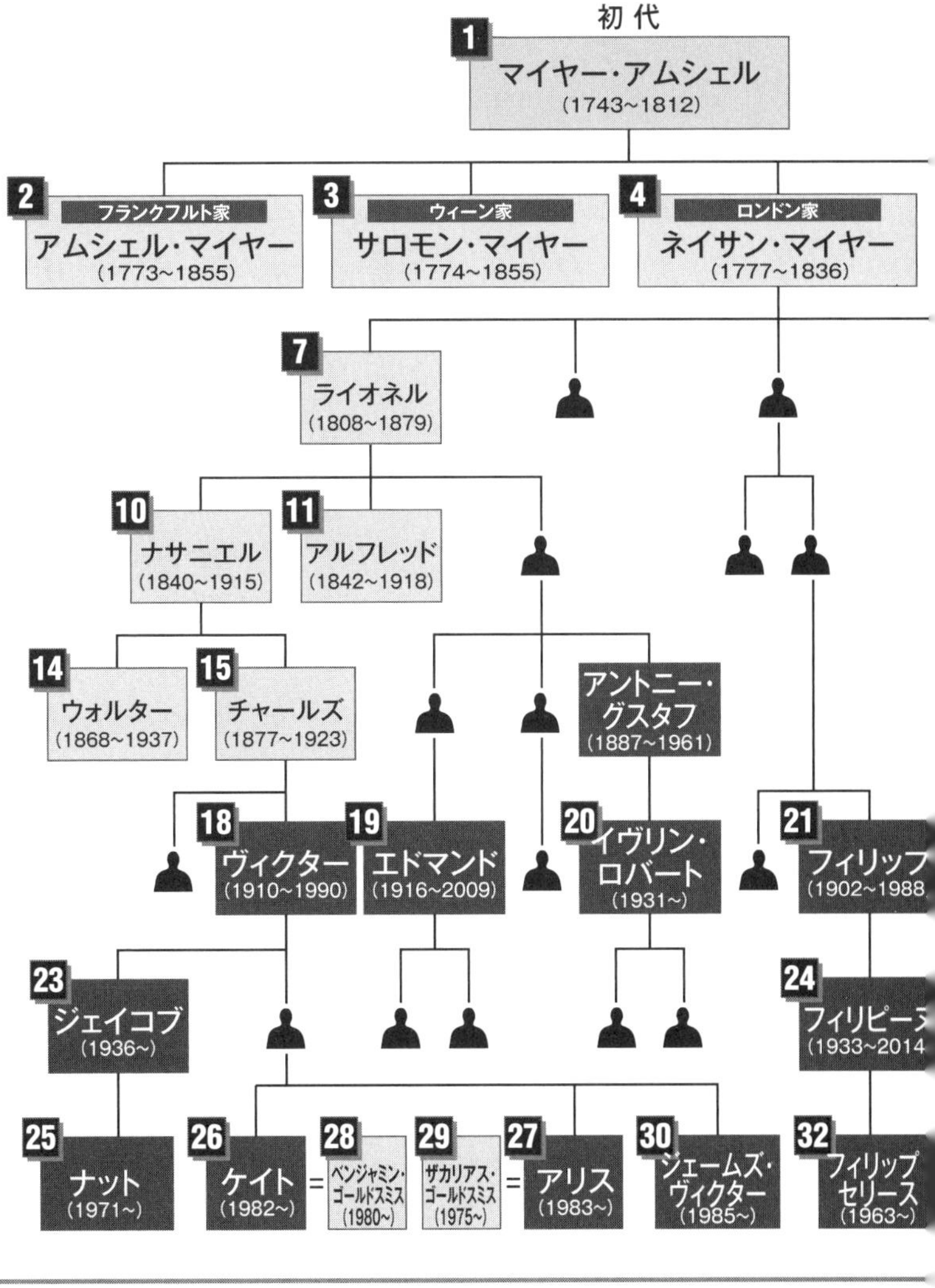

初代
1 マイヤー・アムシェル (1743~1812)
2 フランクフルト家 アムシェル・マイヤー (1773~1855)
3 ウィーン家 サロモン・マイヤー (1774~1855)
4 ロンドン家 ネイサン・マイヤー (1777~1836)
7 ライオネル (1808~1879)
10 ナサニエル (1840~1915)
11 アルフレッド (1842~1918)
14 ウォルター (1868~1937)
15 チャールズ (1877~1923)
アントニー・グスタフ (1887~1961)
18 ヴィクター (1910~1990)
19 エドマンド (1916~2009)
20 イヴリン・ロバート (1931~)
21 フィリップ (1902~1988
23 ジェイコブ (1936~)
24 フィリピーヌ (1933~2014
25 ナット (1971~)
26 ケイト (1982~)
28 ベンジャミン・ゴールドスミス (1980~)
29 ザカリアス・ゴールドスミス (1975~)
27 アリス (1983~)
30 ジェームズ・ヴィクター (1985~)
32 フィリップ セリース (1963~)

なイスラエルの政治家たちがいる。この者たちがきっと悪人なのだ。

エドモン・ジェームズは、自分の持っていた大きな資産のほとんどを投じて、入植地運動を熱心に支援した。イスラエルの200カ所以上の入植地が、彼の投じた私財でつくられた。〝キブツ〟[*]と呼ばれる集団生活農場の運動が、入植地活動の一環として行なわれた。これは社会主義の思想である。ベングリオン（イスラエル労働党）たちはこの立場だ。

マイケル・サンデル（ハーヴァード大学教授）の思想は「共同体優先主義」（コミュニタリアニズム）と呼ばれるが、これはこのキブツの思想である。現在のイスラエル・パレスチナ問題という、世界の紛争の中心の問題をこれで大きくは理解できる。

***キブツ**　ヘブライ語で「集団」の意味。自給自足や機会均等などの理念に基づく相互扶助的な共同体。現在、イスラエルには約270のキブツがあるとされる。

戦後にロンドン家を動かした人々
――欧州人の力を取り戻すために奮闘

〝007〟ヴィクターの奮闘

ロンドン家の5代目当主である18ヴィクター・ロスチャイルド（1910〜1990年）が、あの恐ろしいイスラエルの国家情報機関であるモサド（イスラエル国家情報機関）をつくった。

ヴィクターは、日露戦争の前年に京都で芸者遊びをした15チャールズの長男である。伯父で、バルフォア宣言を受け取ったロンドン家4代目当主14ウォルターには、子供がいなかったので、ヴィクターが、当主の座を継いだ。

ヴィクターは、第2次世界大戦中ずっと、イギリス情報部（MI5と6 ユム・アイ・ファイブおよびシックス）で、活動した重要人物である。彼が金儲けに興味を持たなかったことが、のちに一族の内紛のもとになった。

ロンドン家5代目当主

モサドをつくったヴィクター

Victor Rothschild（*1910*～*1990*年）

18

ヴィクター・ロスチャイルド（1910～1990）は、イスラエル建国と同時にイスラエルの情報機関モサド（イスラエル諜報特務庁）を作った。仕事柄、しばしば「ソ連のスパイ」といわれ、サッチャー首相にそれを否定する声明を出してもらったこともある（1986年12月）。

彼がイスラエル建国と同時にモサドをつくった。この時37歳ぐらいである。モサド要員は、アメリカの国家情報機関のＣＩＡの中にも潜り込んでいる。だから二重忠誠者（ダブル・ロイヤリスト）である。アメリカは、世界覇権国のくせに、中東の小国イスラエル（人口わずか８００万人。ユダヤ人はそのうち５３０万人。この他に７００万人のパレスチナ人がいる）に、急所を握られている帝国なのである。

このヴィクターには、長くソビエトのスパイ説がつきまとった。アメリカのＣＩＡが意趣返しにロスチャイルドをいじめるために流した情報だろう。

戦後最大の二重スパイ（ダブル・エイジェント）は、キム・フィルビーである。キム・フィルビー事件についてはこの本では書かない。ヴィクターは、ＭＩ６内でキム・フィルビーとつき合いがあった。米ソの対立の、さらにその奥の大きな謎は明るみに出ない。

ヴィクターは、劣勢に入った自分たち欧州人の力を取り戻すために苦心した。戦後すっかりロックフェラー家の世界支配のために、〝ソビエト連邦（スターリン）という脅威〟までロックフェラー家に作られて、ヨーロッパは威圧され、手も足もでなくなった。

このヴィクターにはミリアム（１９０８〜２００５）という動物学者の姉がいて、ノミの研究で有名だ。妹もいて、パノニカ（１９１３〜１９８８）という。彼女は、戦後ニューヨークに渡って The Jazz Baroness「ジャズ女男爵」と呼ばれて、黒人ジャズ・ミュージシャンたちのパトロンとなった女性だ。セロニアス・モンクを愛人にした。プロローグで取り上げた、黒人ラッパーと浮気した㉖ケイト・エマは、このパノニカと比較された。

２０１９年にパノニカの評伝の邦訳が出版された。『パノニカ　ジャズ男爵夫人の謎を追う』（月曜社）である。著者は㉕ナットの姉、ハナである。

アジア諸国の担当エドマンド

ヴィクターには、⑲エドマンド（１９１６～２００９年）という従兄弟《いとこ》がいる。欧州全体が第２次世界大戦で焼け野原となり、ヨーロッパの諸都市は砲撃と空襲で瓦礫《がれき》の山となった。その戦乱の時代（戦前、戦中）と、戦後の復興期を生きたエドマンドは、当主の⑱ヴィクターを助けて、アジア諸国の担当となった。

エドマンドは戦後の世界銀行《ワールドバンク》 World Bank の復興事業の高官として、１９６２年に来日している。

欧州と同じくアメリカ軍の空襲で焦土《しょうど》と化していた日本への、復興のための金融支援で公式に来日している。私用のビジネスでも数回、来日している。

エドマンドは、後に「日本のために国際的な復興資金の仲介をしてくれた功績」という

ロンドン家5代目の分家

戦後の日本復興に尽くしたエドマンド

Edmund de Rothschild（*1916*〜*2009*年）

19

エドマンド・ド・ロスチャイルド（1916〜2009）は、ロンドン家の庶流。NMロスチャイルド銀行頭取・会長を務めた。1951年に日英関係が回復した後、住友銀行などの日本の銀行と取引を開始。日本の財界や、蔵相田中角栄とも関係が深かった。勲一等瑞宝章を受章している。イギリスのハンプシャー州にある広大な個人庭園「エクスベリ庭園」を所有した。

理由で、1973年に天皇陛下から勲一等の勲章をもらっている。

戦後復興の後の、1964（昭和39）年の東京オリンピックをきっかけとする高度成長の時期に、エドマンドが日本をIMF《アイエムエフ》（国際通貨基金）と世界銀行の第1回目の融資対象国にして、日本に好意的に動いた。

これが東京の山手線と大阪の環状線を整備する資金となった。また基幹産業である製鉄会社と電力会社、港湾、道路の整備のための資金にもなった。

この他に、東京オリンピックに間に合わせて作った東海道新幹線の建設費に充てられた。こうして日本の開銀《かいぎん》（日本開発銀行。日本の政府系の国内向けの大銀行。現在の政策投資銀行）を育てた。

エドマンドにはシャーロット（1955年生まれ）という娘がいて、ソプラノ歌手だ。たびたび日本にやってきて、コンサートを開催している。日本の歌曲を日本語でレコーディングしたCDも出している。

〝ワイン王〟フィリップ

もうひとつのロンドン家の傍系が、ヴィクターとエドマンドの従兄弟にあたる〝ワイン

ロンドン分家

ボルドーの“ロチルド・ワイン”を作ったフィリップ

Philippe de Rothschild（*1902～1988*年）

21

フィリップ・ド・ロスチャイルド（1902～1988）は、ロンドン家の分家。1973年、ボルドーワインのシャトー・ムートンを第1級シャトーに格上げする悲願を達成し、パリ本家のシャトー・ラフィットと肩を並べた。戦時中は、モロッコでヴィシー政権に逮捕され、捕虜生活を送った。妻のエリザベートはユダヤ人ではなかったのに、強制収容所に入れられ亡くなった。

王〟の㉑フィリップ・ロスチャイルド（1902〜1988年）である。
フィリップは、フランス南部のボルドー地方に1922年から入って、自分で丹精込めてワイン造りを始めた。ボルドー地方は、スペインと向かい合い、海沿いでイギリスに輸出しやすい地方である。フィリップは、戦後再び、荒れ果てたボルドーに戻り、ワインの醸造に精魂を傾けた。ムートンというシャトーの名前のワインだ。

これとは別にボルドー・ワインの中でも最高級品（グラン・クリュ）とされる、ラフィット（ラファイエット）のシャトーを、1868年に買収したのが、ロスチャイルドのパリ家である。グラン・クリュの5社は、ロンドン家のフィリップのシャトー・ムートン・ロチルドと、パリ家のシャトー・ラフィット・ロチルド*のワインそして他に3社、マルゴー、ラトゥール、オー・ブリオンのワイナリー（シャトー）がある。互いに競争しながら今に至る。

フランスのワイン生産地で名高いブルゴーニュ地方と並ぶボルドー・ワインを、何故イギリス人であるロスチャイルド（フランス読みならロチルド。ドイツ読みならロートシルト）家の人間が、「ロチルド家のワイン」として造ったのか——。

それはボルドーは、イギリスと海でつながっていて、古くから盛んに交易したからだ。ボルドー地方から安いワインを、ロンドンに直接、輸出していたという歴史的背景があ

***シャトー・ラフィット・ロチルド**　第2次大戦中は独軍の命令で没収。1946年にパリ家のエリーが買い戻して再建させた。1974年にエリーの甥エリックが事業を継承。現在はその娘のサスキアが継承。

る。

この他に隣のポルトガル産の安ワインのことや、ポルトガルという国の極めて特殊な性質と歴史上の諸事件も、これに深くからむ。

ロスチャイルド家のワイン事業は、実はボルドーの2社である「シャトー・ムートン」「シャトー・ラフィット」以外にもうひとつ、「シャトー・クラーク・ロスチャイルド」がある。ここは後述するスイスのパリ分家の34ベンジャマンが経営していた（ベンジャマンは2021年1月15日、57歳でスイスの自宅で急死した）。近年この3ファミリーは集結して、シャンパン「バロン・ド・ロスチャイルド」を共同製造している。

収容所で死んだフィリップの妻

この〝ワイン王〟21フィリップ・ロスチャイルドは、戦争中は、ナチス・ドイツ軍に捕まっている。フィリップの妻のエリザベス（エリザベート）は、収容所で死んだ。

ヨーロッパの戦乱の時代の中でそういう苦難にロスチャイルド家の人間たちは遭っている。自分たちの邸宅が焼かれ、自分たち自身の命が危険に晒《さら》された時代に、ロスチャイルドが世界支配の企《たくら》みなどできるはずがない。

このフィリップ・ロスチャイルド男爵の娘に、24フィリピーヌ（1933〜2014年）という女性がいる。彼女はイギリス人だが、フランスで演劇人となり、パリのコメディ・フランセーズの女優となった。

ヨーロッパの貴族や上流階級の人間は、数カ国語を話せる人が多いので、彼らの場合は、ヨーロッパ各国のコトバの壁は越えられる。それでも「自分は何人か？　どの国の言葉が自分の母国語か」という悩みは今もあるようだ。

24フィリピーヌは、父フィリップの死後に女優を引退し、シャトー・ムートンの経営を引き継いだ。これは家訓に反するが、金融業ではないことと、フィリピーヌの息子が次の跡継ぎになることが決まっていたので、例外的に認められたのだろう。

2014年にフィリピーヌがパリで死去した後は、副会長だった長男のフィリップ・セリース（1963年生まれ）が、シャトー・ムートンの会長となった。

パリ家が所有するシャトー・ラフィットも2018年に代替わりして、エリックの娘サスキア（1987年生まれ）が会長となった。ラフィットは中国の山東省でのワイン生産も始めた。2019年9月には、瓏岱 Long Dai と名付けられた中国産ワインが発売された。

24

フィリップの娘フィリピーヌ

24フィリピーヌ・ド・ロスチャイルド（右、1933～2014）と、“カリフォルニアワインの父”ロバート・モンダヴィ（1913～2008）。貴重な写真だ。フィリピーヌは、21フィリップ・ド・ロスチャイルドの娘で、母はナチスの収容所で亡くなったエリザベート。フィリップからシャトー・ムートンを継承した。フィリップとモンダヴィが、合弁事業でカリフォルニアワインの最高峰オーパス・ワンを開発したことが、ワイン史に留められている。

フィリピーヌの子供
フィリップ・セリースが“ムートン”を継いだ

33

フィリップ・セリース・ロスチャイルド（1963～）は、ロンドン家の分家でフィリピーヌの息子である。フィリピーヌから、シャトー・ムートンを継承した。

パリ家5代目当主になるアレクサンドル・ギー（40歳）がスイス総本部との争いを収めた（2018年）

32

アレクサンドル・ギー・ロスチャイルド（1980～）は、パリ家当主ダヴィドの息子で、次期当主。この年、ロスチャイルド・アンド・カンパニーの会長になった。

戦後にパリ家を動かした人々
――2人の大統領と一緒に復興を果たす

ヴィシー政権に抵抗したパリ家

1920年から1940年の2つの大戦にはさまれた激動の時代に、パリ・ロスチャイルド家の当主として、大陸のロスチャイルド家全体を動かしたのが、パリ家3代目⑫エドゥアール（1868～1949年）である。

彼は、父⑧アルフォンス（2代目）に忠実な息子で、家長として一族をよくまとめた。だが、とりわけ目立った業績を示していない。穏やかな人物だったようだ。

エドゥアールは、ナチス・ドイツ政権に侵攻され屈服したフランスの傀儡《かいらい》政権であるヴィシー政権*に従わず、抵抗を続けた。したがってロスチャイルド家のフランス国内にあった個人資産や企業は、次々と傀儡政府（親《しん》ドイツ）によって没収され、全資産を失った。

だからここでも私は力説するが、欧州ロスチャイルド家が、世界を支配する企《たくら》みを組み

***ヴィシー政権**　ドイツ軍に降伏したフィリップ・ペタン仏首相が主席を務めたナチスの傀儡政権（1940～1944年）。首都となったヴィシーが名前の由来。

パリ家3代目の当主

戦時下でよく耐えたエドゥアール

Edouard de Rothschild(*1868*〜*1949*年)

12エドゥアール・ド・ロスチャイルド(1868〜1949)は、パリ家の第3代当主である。凡庸な人物との評もあるが、戦時下の厳しい時をよく耐え忍んだ。競馬に熱心で、持ち馬が凱旋門賞を2回勝っている。ロスチャイルド兄弟銀行を、叔父の9エドモン・ジェームズ、従弟のロベールと共同経営した。

立てることなどできるはずがない。

親ナチスのヴィシー政権がユダヤ人をいじめ抜いたから、アシュケナージュ（アシュケナジウム。ドイツやポーランド辺りに住む）ユダヤ人であるロスチャイルド家は、これに強く反発した。

戦後の企業国有化を逃れる

やがて連合国側の勝利でドイツが敗戦した。パリ・ロスチャイルド家は、戦後、急速に復興する。政府に接収・没収されていた株券などの証券類をすぐに取り戻して、一族の企業群が再建される。

ロスチャイルド家以外の〝フランス200家族〟と呼ばれる財閥（富豪）たちの多くは、ヴィシー政権に肩入れしていたので、戦後は、逆にフランス国民から強い批判をあびて、没落を始めた。

戦後のヨーロッパの国有化（ナショナライゼーション）の動きの中で、電力会社やガス会社や4大銀行などが、次々に懲罰的に国有化された。自動車のルノーなどだ。

しかし、パリ・ロスチャイルド家は、この懲罰的国有化の被害は最小限度で済んだ。なぜならば、⑫エドゥアールの次の4代目当主の⑯ギー・ド・ロスチャイルド（1909〜2007年）は、ドゴール将軍とともに、ロンドンに置かれていたフランスの亡命政権を支えた重要な人物だったからである。

レジスタンス運動の英雄ギー

だから⑯ギーは、レジスタンス運動の英雄である。

レジスタンスとは、ナチス・ドイツがフランスを占領した地域で、ドイツ警察の中にゲシュタポと呼ばれる恐ろしい国家秘密警察があって、これと戦って、逮捕や拷問の恐怖に怯えながら、フランス解放運動を戦った人々である。

さらに、ギーはフランス陸軍の戦車隊の隊長（司令官の肩書き）だったので、パリが解放されて凱旋《がいせん》したドゴール政権の中にあって、戦後のフランスの政治と経済の復興に重要な役割を果たした。こういう歴史事実も知らずに、〝ロスチャイルド家の陰謀〟などと言っている人々は愚か者である。

曾祖父の〝鉄道王〟⑥ジェームズ以来のパリ家の重要な資産が、ロイヤル・ダッチ・シェル社であり、もう一つが、英豪資本の世界最大の非鉄金属鉱山会社であるリオ・ティン

パリ家4代目の当主

戦車隊長だった ギー

Guy de Rothschild（*1909*〜*2007*年）

16

16ギー・ド・ロスチャイルド（1909〜2007）は、パリ家の第4代当主である。第2次世界大戦でナチスによってボロボロにされたロスチャイルド家の戦後復興を主導した。自由フランス軍の戦士として、シャルル・ドゴール将軍とともに戦った。ドイツ潜水艦の攻撃で海に投げ出され、12時間漂流したこともある。戦後、1968年に、ロンドン家の20イヴリンと組んだ。ギーが、ロンドン・ロスチャイルド銀行のパートナーに、イヴリンがパリのロスチャイルド銀行の重役となり、連携を深めた。この連携は、息子の22ダヴィドに受け継がれ、ロンドン家当主の23ジェイコブとの確執につながっていく。

ト社である。その他に投資銀行のラザード・フレール社がある。これらの企業群の経営をギーが立て直した。

創業者❶マイヤー・アムシェル以来の家訓で、ロスチャイルド家は多くの企業の株式を取得しても、経営者として表に出ないことになっていた。

しかし、ギーは、この家訓を破って、積極的に多くの企業の経営者として動いた。北アフリカのアルジェリアのサハラ砂漠で石油が発見されると、開発に力を入れた。カスピ海バクー油田の開発以来の大きな資産もこうして手に入れた。

ギーは、ドゴール大統領の後継ぎとなったジョルジュ・ポンピドー大統領と深い盟友関係を続けた。だから、フランス保守党はパリ・ロスチャイルド家とべったりなのだ。だからアメリカ（ロックフェラー財閥）が嫌いである。

ポンピドーは大統領になる前、1954年から58年の間、パリ・ロスチャイルド銀行*の会長（頭取）を務めた。ギーは2007年に98歳で亡くなった。

彼は、死ぬ前に自叙伝『ロスチャイルド自伝』を書いて、「一切、語るなかれ」の家訓を破った。

***ロスチャイルド銀行** パリ家のロスチャイルド兄弟銀行が1988年に改組されて名前も改められた。1981年にミッテラン大統領が国有化を強行してヨーロッパ銀行に吸収された。

ドゴール政権とポンピドー政権下で復興したパリ・ロスチャイルド家

16ギーと、ロスチャイルド兄弟銀行の共同経営者だった従兄弟のエリー(左、1917〜2007)とアラン(右、1910〜1982)。三頭体制でパリ家を復興させた。

パリ家と緊密な関係があった2人のフランス大統領。シャルル・ドゴール(左、1890〜1970)は、自由フランス軍でギーとともに戦った。ジョルジュ・ポンピドー(右、1911〜1974)は、ドゴール政権に入る前はロスチャイルド銀行の頭取だった。

仏大統領とロックフェラー家

ポンピドー政権のあと、ヴァレリー・ジスカールデスタン大統領とそのあとの社会党政権であるフランソワ・ミッテラン大統領の2人は、どうやら反対の動きに出て、アメリカのデイヴィッド・ロックフェラーの言うことをよく聞いた大統領である。ミッテランは、1981年にパリ・ロスチャイルド銀行を強制的に国有化した。

ところが、そのあとのジャック・シラク大統領のときには、フランスは再びアメリカに対して反抗的な態度を見せた。フランス人独特の、かつフランス人だけに許される、特権的で高慢な態度でアメリカ人を見下した。

だが、2007年からのニコラ・サルコジ大統領（なぜかハンガリー系ユダヤ人の家系）は、ロスチャイルド家が応援したドミニク・ドヴィルパン（首相。ドゴール主義者）を破って当選した。だから、サルコジは米ロックフェラー家の後押しでできた政権である。2012年5月のフランス大統領選挙では、社会党のフランソワ・オランドに敗北した。

スイスを拠点にする〝パリ分家〟

パリ家3代目当主⑫エドゥアールの従兄弟にあたる、⑬モーリス（１８８１～１９５７年）は、〝ロスチャイルド家の黒い羊〟と呼ばれる。彼は、前述した〝現代イスラエルの父〟⑨エドモン・ジェームズの次男である。

モーリスは、一族の中の跳ね上がり者で、随分と嫌われ者だったようだ。ただし、経営の才能はあって、多くの事業を起こしている。彼は、スイスのジュネーブを中心に金融業をやっていた。政治家を目指してスイスの上院議員（高地アルプス選出）にも当選した。

今のスイスのロスチャイルド家は、モーリスの家系が中心といっていいぐらいの勢力を張っている。

このモーリスの息子に、⑰エドモン・アドルフ・ロスチャイルド（１９２６～１９９７年）という人物がいる。祖父⑨エドモン・ジェームズと同名のエドモンである。

エドモン・アドルフは、高級リゾートホテル網である〝地中海クラブ〟を作った人だ。

エドモン・アドルフは祖父の遺志を継ぎ、イスラエル支援も積極的に行なった。

サウジアラビアのアカバ港の開発も、このエドモン・アドルフがやった。１９５６年

“ロスチャイルド家の黒い羊”モーリス

Maurice de Rothschild（*1881〜1957*年）

13

13 モーリス・ド・ロスチャイルド（1881〜1957）は、パリ家の分家で、スイスに拠点を移した。道楽者で、“ロスチャイルド家の黒い羊”と言われ、一族から嫌われた。経営者としての才能はあった。ロスチャイルド兄弟銀行の共同経営者となったが、従兄弟たちに追われ、スイスに移った。

「地中海クラブ」をつくった エドモン・アドルフ

Edmond Adolphe de Rothschild（*1926*〜*1997*年）

17エドモン・アドルフ・ロスチャイルド（1926〜1997）は、高級リゾートホテル網である地中海クラブを作った人物。戦後、需要が伸びた観光業や、免税店などブランド品輸出業で成功を収める。スイスの富裕層相手の資産運用会社も設立した。

17

妻のナディーヌ（1932〜）は、元踊り子である。1963年にエドモン・アドルフと結婚した。"現代のシンデレラ"と言われるが、門限はなかったようで、『男爵夫人は朝五時にご帰館』という著書がフランスでベストセラーになった。『ロスチャイルド家の上流マナーブック』の著書もある。

に、エジプトのナセルがスエズ運河を国有化すると、スエズ運河を通らずに、ペルシャ湾の原油をアカバ湾からイスラエルに運ぶパイプラインを敷設した。

エドモン・アドルフの長男で、次のパリ分家の当主が34ベンジャマン（１９６３年生まれ）だ。父の死後、エドモンド・ド・ロスチャイルド・グループを率いていたが、２０２1年1月15日、スイスの自宅で心筋梗塞のため急死した。

２０１５年に妻のアリアンヌ（１９６５年生まれ）にグループの会長職を引き継いだ。アリアンヌは、ロスチャイルド直系ではないが、一族の歴史の中で、金融業のトップを任された初めての女性となった。

ロスチャイルド家の大分裂
――ロンドン分家が本家と対立しパリ家と連携

NM《エヌ・エム》ロスチャイルド銀行の跡目争い

ロスチャイルドのパリ本家の現在の当主である5代目㉒ダヴィド・ロスチャイルド（1942年〜、現在78歳）は、NM《エヌ・エム》ロスチャイルド銀行の会長だった。このNM《ネイサン・マイヤー》ロスチャイルド銀行*が欧州ロスチャイルド財閥の中心であり、本体であり旗艦《きかん》（フラッグキャリアシップ）である。

ダヴィドは、ロンドン家の傍系である⑳イヴリン・ロバート・ロスチャイルド（1931年〜、現在89歳）と2人で共同して、NMロスチャイルド銀行を長く経営してきた。現在のフランス大統領のエマニュエル・マクロンは、このロスチャイルド銀行でダヴィドに育てられた。

ロンドン家の6代目当主である㉓ジェイコブ（1936年〜、現在84歳）と骨肉の争い

＊NMロスチャイルド銀行　N M Rothschild & Sons（エヌ・エム・ロスチャイルド・アンド・サンズ）が正式名称。ロスチャイルド父子銀行と訳されることもある。

ロンドンのイヴリンと組んだダヴィド

David Rene de Rothschild（*1942*年生まれ）

22ダヴィド（右）と父の16ギー。ダヴィドは、ミッテラン政権の1981年にロスチャイルド銀行が国有化されたので、代わりに設立したパリ・オルレアン銀行の初代会長（頭取）となった。

ダヴィド（左）と従兄のエリック（1940〜）。エリックは、1975年から2018年までパリ本家のワイン事業シャトー・ラフィットの最高責任者だった。

を起こして犬猿の仲だった。

あくまでジェイコブが、ロスチャイルド家4代目男爵であり本家である。それなのに、パリ家当主とロンドン家の傍系（分家）が組んで、ロスチャイルド家の当主㉓ジェイコブを追い落とそうとした。このことはロスチャイルド家全体の分裂を意味している。

この一族の内紛は、1980年に起きた。それはジェイコブの父親で、5代目当主である⑱ヴィクターが、金融事業や企業経営にあまり興味を示さず、もっぱらイギリス政府の情報部の幹部として生きたからだ。

イアン・フレミング著の小説『007《ダブルオウセブン》』（やがて映画のシリーズとなった）という世界的に大ヒットした著作物の主人公ジェームズ・ボンドのモデルのひとりは、このヴィクター卿である。映画『007』シリーズをずっと配給してきたユナイテッド・アーティスツ（UA）は、今はソニー・ピクチャーズ・エンターテインメント（SPE）に吸収されている。SPEは米CBSの傘下で、三井ロスチャイルド系である。

だから映画『007』とは、アメリカ・ロックフェラー家の世界覇権と拮抗するイギリス・ロスチャイルド家からの大きな文化的反撃なのである。

ジェームズ・ボンドは、英MI6《エムアイシックス》（英情報局秘密情報部）という対外防諜課に所属しながら、同時に英海軍の特殊部隊SBS《エスビーエス》 Special《スペシャル》 Boat《ボウト》 Service《サーヴィス》 の大佐でもある。

NMロスチャイルド銀行を乗っ取ったイヴリン

Evelyn Robert de Rothschild（*1931*年生まれ）

20イヴリン（中央）は保守的な銀行経営を重んじたのに対し、5歳下の23ジェイコブは野心的な経営を旨とした。これが、対立と分裂の一因とされている。イヴリンはダヴィドと組んだのでパリ家の横槍もあった。写真右はイヴリンの妻のリン・フォレスター。

ヴィクターは戦争中からずっとスパイ・マスター（世界各国に送り込んでいる情報部員たちの元締め）としての活動を続けた。

父親のヴィクターがこういう調子だから、企業経営と金儲けのほうは、いとこのアントニー・グスタフ（1887～1961年）に任せっぱなしになっていた。このアントニー・グスタフが、自分の長男のイヴリンと図って、NMロスチャイルド銀行本体を乗っ取った。しかしこの対立は、2014年から収束して、現在は、ロスチャイルド財閥は、本拠をスイスに移して団結している。

1980年に対立が頂点に達する

本家の嫡男の23ジェイコブ（6代目）は、ニューヨークのモルガン・スタンレー銀行で、金融実務経験を積んだ。27歳の1963年からNMロスチャイルド銀行に入って、経営者としての才能を磨いた。

ところが、この銀行の株式の60％をアントニー・グスタフと息子の20イヴリンが握ってしまっていた。本家の23ジェイコブは、20％の株式しか持っていなかった。ここで、一族内の反目と憎悪が積み上げられた。

1975年に父親の18ヴィクターが慌ててNMロスチャイルド銀行の会長（頭取）に就任して、銀行業に入ってくるのだが遅かった。もともと商売が嫌いな人であったから、自分の息子ジェイコブにうまく跡を継がせることができなかった。

ヴィクターは、ロスチャイルド銀行の投資信託銀行（トラスト・バンク）部門だけを息子のジェイコブに譲って、あとは甥のイヴリンのほうに経営権が移った。

1980年に両者の反目は頂点に達し、ジェイコブは自分の子飼いの社員たちを引き連れてNMロスチャイルド銀行を去った。

もともとの原因は、1947年に銀行を株式会社にしたときに、傍系のアントニー・グスタフが、株を本家筋に対して不均等に配分したことに起因する。そして、息子のイヴリンは、パリ家の当主22ダヴィド（5代目）と組むことで、自分たちの正統性《レジティマシー》を保持しようとした。一族の亀裂《きれつ》は決定的となった。

ロスチャイルド家は、この大きな対立と抗争を抱えて同族内に大きな内紛と分裂があった。イヴリンとダヴィドのNMロスチャイルド銀行は、ロンドン6代目当主（繰り返し書くが現在の欧州ロスチャイルド家全体の総帥、統領）の23ジェイコブと喧嘩《けんか》状態でずっと仲が悪かった。ヨーロッパの金融業界で、それぞれ別個独立に動いた。内部抗争があるということは、大きくは一族の繁栄が追い詰められて金融財閥としての事業が分散したことを意味する。しかし、2014年になって事態が大きく変化した。一族は再び大きく団結した。内紛などやっている場合ではない、ということで和解した。現在は、ロスチャイルド家の本拠地をスイスのチューリヒに移して、ロンドン家の6代目当主の23ジェイコブを中心にして盛り立てて、現在に到る。このあとは、7代目の25ナサニエル〝ナット〟へと引き継がれる。

ニューヨークへ事業進出したジェイコブ

23ジェイコブは1983年、47歳のときニューヨークに「チャーターハウス・J・ロスチャイルド銀行」という投資銀行を設立した。

ロスチャイルド家には、創業者の1マイヤー・アムシェル（1743〜1812年）のときにつくられた〝5本の矢をライオンがつかんでいる〟という例の図柄の紋章がある。NMロスチャイルド銀行のシンボルは、この5本の矢が下を向いている。ジェイコブが設立した投資銀行のシンボルは、5本の矢を上へ向かせた。これには、天を衝《つ》く上向きの事業の成功への祈りを込めたのだろう。

このあと、目覚ましい勢いで事業を拡大し、5年後の1988年には、シティバンクや

JP《ジェイピー》モルガン銀行に匹敵するような巨大銀行に成長するはずであった。

ところが、このあとにおかしな動きが起きた。ジェイコブ・ロスチャイルドが、アメリカのニューヨーク（ウォール街）でロックフェラー財閥に負けないだけの力を発揮しようとしたら、この動きは強い規制と圧力にさらされた。

〝女忍者〟マーガレット・サッチャー

ロックフェラー家が反撃に出た。なんと逆襲として、イギリスの政治と政界を抑える作戦に出たのである。それが、マーガレット・サッチャーの政権の誕生である。乾物屋《グロウサー》の娘だったサッチャーが〝鉄の女《アイロン・レディ》〟となって1979年5月にイギリスの首相となった。

マギー・サッチャーは、イギリスの保守党の貴族たち（今は何故か貴族院《ピアーズ》といわず英上院と訳す）とロスチャイルド家を抑えつけるために、明らかに米ロックフェラー家が放った〝女忍者〟である。

彼女が英保守党の党首となって（1975年2月）、このあと、総選挙で勝って首相となった（1979年5月、53歳）。

ロンドンのシティの金融街はサッチャー革命の〝金融ビッグバン〟なるもので大激震を

マーガレット・サッチャー

マーガレット・サッチャー(1925～2013)は、イギリス初の女性首相である。サッチャー女男爵(バロネス)という一代貴族である。保守的で強硬な政治姿勢から「鉄の女」と言われたが、実は、ロックフェラー家が放った“女忍者”だった。

起こした。ロスチャイルド系の古い歴史をもつ金融会社が、次々と米ロックフェラー家の資本に乗っ取られた。これには大英帝国の旧植民地銀行群も含まれる。老舗《しにせ》のベアリングス銀行*などは倒産させられた。ジェイコブはこの時期にアメリカでの金融拠点を次々に切り売りし撤退して、規模をどんどん縮小して、ロンドンどころか一族の創業地であるフランクフルトに逃れた。そして2014年に、一族内の分裂を克服して、現在はスイスを本拠地として活動している。

***ベアリングス銀行**　1762年にフランシス・ベアリングによって創業された英名門投資銀行。〝女王陛下の銀行〟the Queen's Bankと呼ばれたが1995年に破綻した。

ロックフェラーのドル石油体制との闘い

――金《きん》本位制の崩壊とロスチャイルド家の劣勢

金《きん》にこだわりすぎたロスチャイルド家

19世紀までは金《きん》が世界支配者の印であった。金《きん》の歴史は、世界支配（世界覇権）の歴史そのものである。世界一金《きん》を持つ者が世界を支配した。

ロスチャイルド家は一貫して金《きん》本位制にこだわった。*言い換えれば、あまりにも金《きん》にこだわりすぎた。

それに対してアメリカのロックフェラー家は、石油《オイル》を中心にのし上がってきた。繰り返し書いて来たとおり、1914年にロスチャイルド（大英帝国）はロックフェラー（アメリカ帝国）に敗れた。この時、金本位制が崩れた。

そして第2次世界大戦後は、基軸通貨《キー・カレンシー》が、英国ポンド（スターリング・ポンド）から米ドルへと移行した。

***金本位制にこだわった**　金の値決め（Fixing：フィキシング）は、長らくNMロスチャイルド銀行内の「黄金の間」で行なわれてきた。しかし2004年にこの力が衰えた。アメリカの先物（フューチャー）市場に金価格決定権を奪われた。

以来、じりじりとロスチャイルド家は劣勢に追いやられた。それでも今も世界はロスチャイルドとロックフェラーの闘いが続いている。アメリカの覇権（ヘジェモニー）が2008年の〝リーマン・ショック〟から急激に落ちているので、比較的にヨーロッパの金融の力が復活している。

まだ戦争が終わっていなかった1944年7月の「ブレトンウッズ会議」で、IMF《アイエムエフ》（国際通貨基金）と世界銀行（ワールド・バンク World Bank）の設立が決められた。このとき次の世界体制ができあがった。当然、戦勝国であるアメリカ（ロックフェラー家）が主導した。

この時「金《きん》1オンス（31・1035グラム）は、米ドル紙幣の35ドルと等しい」と決められたのである。

そして、米ドルが唯一の金《きん》兌換通貨となった。他の国々の政府は、世界銀行に口座を持つことで、「要求すれば保有するドル紙幣を金《きん》に必ず交換してくれる」という約束である。これが金《きん》ドル体制（IMF＝世銀《せぎん》体制）である。

しかしこの体制も、急激にほころびはじめた。アメリカの黄金時代は1960年代までだった。アメリカの金《きん》保有量が次第に低下していったのである。

1971年8月15日、アメリカは「金《きん》とドルとの兌換《だかん》の停止」を電撃発表した。〝ニクソン・ショック（あるいはドル・ショック）〟である。そのあと、どうなったか。

アメリカはドルの価値を金《きん》ではなく、石油で裏打ちするようにしたのだ。これが米ロックフェラー石油財閥による世界支配の継続である。

これを、私は「修正ＩＭＦ体制」即ち「ロックフェラーによる〝ドル石油体制〟」と自著で定義づけ呼んできた。

中東の産油国利権を奪われる

第２次大戦後11年目の１９５６年に、中東の産油国であるエジプトとサウジアラビアから、イギリスとフランスが追い落とされた。スエズ動乱である。

この４年前にエジプトの青年将校団が反乱を起こして（ナセル革命）、イギリスの言いなりだった国王《スルタン》を追放した。スエズ運河を国有化した。

それに対抗して、英仏は、落下傘部隊を降下させ、スエズ運河を守ろうとした。ところが、ソ連がナセル大統領の率いる青年将校団の肩を持ち、英仏軍に対して撤退するように脅した。これで、英仏軍は、すごすごと引き揚げて大恥をかいた。

だがどう考えてもこのソ連の動きの後ろに、米ロックフェラー家の影がある。その証拠にこの年から、エジプトとサウジアラビアは、ハッキリとアメリカの家来になっている。

同じことが、湾岸の石油大国であるイラン（ペルシャ）でも起きた。ここはロスチャイルド家のアングロ・イラニアン石油会社が、利権を持ってきた。

たとえば、若い頃のチャーチルが植民地相として、イランの石油を、石油タンカーを駆逐艦隊で護衛してイギリスまで運んだというエピソードがある。

ところが、イランで同時期に、モサデク博士による国民革命がおきて、油田を国有化（1956年）してしまった。困ったイギリス政府は、アメリカに助けを求めた。しかし結果的にアングロ・イラニアン石油会社は、エクソン・モービルというロックフェラー家の旗艦の石油会社に実質的に乗っ取られてしまった。

アメリカはパーレビ国王《シャー》というアメリカの言いなりの男を国王として連れ戻してきて、イランをアメリカの言うことをきく国にした。

ところが1979年に「ホメイニ革命」というイスラム宗教革命でひっくり返されて、現在に至っている。

もともとはイランでできたロスチャイルド家の石油会社であるBP（ブリティッシュ・ペトロリアム）も力がない。

BPは、イギリスの北の海の北海《ほっかい》油田を掘り当てて、最近まで元気だった。しかし北海油田は次第に産油量が減っている。

1980年代の〝サッチャー保守革命〟のときに、テニスの〝ウィンブルドン現象〟*と呼ばれたように、BPの株式をロックフェラー家に市場で大量に買われて乗っ取られたのである。

金の時代から石油の時代へ

戦後はずっと、このように欧州ロスチャイルド家の苦境が、続いた。

とりわけ、1979年のソ連によるアフガニスタン侵攻をきっかけに、90年代末まで金《きん》の価格が暴落した。

金地金《きんじがね》の価格は、高い時には（1980年）、1オンス（約31g）875ドルにまで高騰した。それが、一転して急激に下落を始めて、ついには、1オンスが250ドルにまで下がった。1g換算なら、8ドルを割った。日本円では金《きん》1gは1000円を割って最安値を続け、1998年には865円にまで下落した。

このことが象徴するとおり、80年代、90年代を通して、欧州ロスチャイルド家の劣勢と衰退は目を覆うものだった。金《きん》（ロスチャイルド）よりも石油（ロックフェラー）の時代で

***ウィンブルドン現象** 市場開放により外資が国内企業を淘汰すること。テニスのウィンブルドン選手権でイギリスの選手が勝てなくなったことが名の由来。

あった。

しかし石油の時代は終わりつつある。石油よりも天然ガスの方が重要になった。そして金《きん》（ゴールド）が再び、世界の動乱化によって、不死鳥のように甦《よみがえ》りつつある。

第5章 ロスチャイルド家の現在

「アメリカ帝国」没落後の世界戦略

純化を図るロスチャイルド家

――三井住友銀行誕生の裏側

ジェイコブが受けた大きな打撃

1991年のソビエト連邦崩壊（米ソ冷戦構造の終結）をきっかけにヨーロッパは、不況に突入した。本当は、日本の不況入り「バブル崩壊」もそうだったのだ。この波をかぶったのだ。大きく歴史（を見る目）の中に経済変動をも入れなければいけない。政治の変動だけでなく。

そして1998年に、イギリスとまったく同じように、日本も〝金融ビッグバン〟（金融自由化。ハゲタカ外資導入の解禁）を仕掛けられた。イギリスではサッチャー首相が、過度の金融媛和（低金利とマネーの大増発）をやったおかげでイギリスでバブル（好景気）が起き、そしてそれがすでに破裂していた。

欧州ロスチャイルドの当主（総帥）である23ジェイコブは、ヨーロッパの仕組まれた不沢入りよりもいち早く、事業を縮小していた。だから全面的な事業破綻は免れた。だが、それでもかなりの打撃を受けてなかなか立ち直れなかった。

ジェイコブの息子、㉕ナサニエル・フィリップ・ロスチャイルド（通称〝ナット〟。1971年生まれ、現在49歳、ロンドン家7代目）は、この頃、日本にやって来て動いていた。

この時、三井（当時は、さくら）と住友の両銀行を、2001年4月に合併させて、ロスチャイルド系としての純化《じゅんか》を図ったのである。三菱ロックフェラー系と対決するためには、三井と住友は組むしかないのである。

米ロックフェラー家による三菱グループを使っての日本支配と日本金融界の乗っ取りの大攻勢が起きていた。それはクリントン政権が始まった1992年から始まったのである。日本はアメリカ政府による「金融改革要求」でボロボロにされた。まさしく〝金融占領〟であった。

三井＝ロスチャイルド勢力はかなり劣勢に陥っていた。それを挽回するために、㉓ジェイコブが三井と住友の大連合を組ませて防衛に出たのである。

三井・住友合併の真実

住友財閥とは、もともとドイツ・ロスチャイルド系の企業グループである。江戸中期の愛媛県の別子《べっし》銅山の鉱山開発から興った日本の財閥だ。住友財閥は、すでに幕末からドイツのダイムラー＝シーメンス社の影響下で育てられた財閥である。

ダイムラー社は、ガソリン機関車＝ディーゼル・エンジンを早くも1880年に開発して、ヨーロッパを席巻した重電機・機械資本である。NEC（日本電気）は実は「住友電気」であり、シーメンス系である。

この他に、古河財閥（富士通もこの一部）や森コンツェルン（昭和電工）、日産コンツェルン（日産自動車）、東芝、石川島播磨、日立、中島飛行機（今の富士重工。中島知久平《なかじまちくへい》が興した）、川崎重工なども大きくは、この傘下に加わる。現在のみずほ銀行（みずほホールディングス。旧第一勧業・富士・興銀）も大きくは、この三井・住友の系列である。

三井と住友の2001年の合併は、世界規模で見れば、その前年（2000年9月）のJPモルガン銀行と、チェース・マンハッタン銀行の大合併の余波を受けたものである。大きくは同じことである。

ところで、チェース・マンハッタン銀行のことを、ロックフェラー系だと思っている人が多い。それは、デイヴィッド・ロックフェラーが、1960年代から70年代にかけて、ここの会長もしていたからだ。しかし、真実はそうではない。

ニューヨークの金融法人や大企業群の株式は、複雑に持ち合いになっているから、いったい、どの人物が、どっちの勢力なのか簡単には分からないようになっている。ここらあたりは複雑である。

それでも2000年にできあがったJPモルガン・チェース（その前に、ケミカル・バンクも吸収合併した）は、アメリカにおける、まさしくロスチャイルドの勢力の、生き残りのための純化であった。その日本版が三井・住友銀行の合併である。

ロックフェラー家も大きく割れている

この時の三井住友銀行の会長（頭取）すなわち〝ドン〟は西川善文《にしかわよしふみ》（このあと日本郵政初代社長もした）である。立派な人物である西川は、UFJ（前の三和銀行。旧鴻池《こうのいけ》財閥と旧東海銀行。だからもともと三和は大きくは大阪・三井系の両替商である）を、なんとか三井住友に合併しようとした。

ところが、三菱＝ロックフェラーから横ヤリが入って、結果的にUFJ銀行（三和銀行）は、三菱グループに取られてしまった。だから今は、三菱UFJ銀行となっている。

この時（2000年）、三井住友に対して、モルガン・スタンレーとソロモン・スミスバーニー（デイヴィッド・ロックフェラー系）らが示し合わせて、株式の売り崩し攻撃をかけた。三井住友は5000億円の大損を出した。それでUFJの買収をあきらめた。

おそらくロックフェラー家の嫡男で4世であるジェイ・ロックフェラー（米民主党の元上院議員）と、㉓ジェイコブ・ロスチャイルド卿の間に話し合いがあって、両者が〝皇帝〟デイヴィッド（シティ・グループとエクソン・モービルが旗艦《きかん》）の世界支配に抵抗していた。ロックフェラー家も大きくは割れているのである。

ゴールドマン・サックスとの連携

だから、西川善文は2005年4月に、竹中平蔵金融・経済担当大臣（当時）に狙われて、ロックフェラーの手下《てした》である金融庁の攻撃を受けて三井住友の会長の座を引責辞任の形で追われた。なのに、その半年後には、郵政民営化法が可決した10月14日のあとの日本郵政株式会社の社長に抜擢された。

合併後の銀行名「三井住友銀行」を発表（2001年4月）
2001年4月、三井住友銀行発足。さくら銀行の岡田明重頭取（左）と住友銀行の西川善文頭取（ともに当時）。この時、25ナット・ロスチャイルドが見届けに来ていた。

この動きからして、西川善文は、竹中平蔵のようなディープ・ステートによる「日本操《あやつ》り用」の人材ではなくて、もっと大きなところの、三井・住友財閥と欧州ロスチャイルド勢力の日本代表であったことが分かる。

この時期にロスチャイルド家のジェイコブの息子（7代目当主）の25ナットが、日本で動いていたことが報告された。

世界の頂点で大きな話は、お互いにつながり、相互に緊密に関連している。日本だけで、ちんまりと日本国内のこととしてしか物事を考えられないようでは世界の田舎者である。

私たちの脳（思考力）に与えられた敗戦後の洗脳教育の恐ろしさを自覚し、私たちは再度、世界基準（world values, ワールド・ヴァリューズ）に合わせて、自らを点検しなければならない。確実に日本は世界の一部であり、そして、そのわずかな一部分なのだ。

120年周期で移動する世界覇権
――歴史法則から見る世界帝国の変遷

「サブプライム・ローン崩れ」の意味

今から21年前の2000年までは、金地金《きんじがね》の値段は1g1000円（現在は約7000円）という安価だった。金《きん》と共に生きる欧州ロスチャイルド家は惨めな思いを味わっている。1オンス（約31g）で250米ドル台の最安値だった。今は1900ドルだ。

だからロンドン家6代目当主の㉓ジェイコブは、米ロックフェラー財閥に追い詰められてたくさんの事業を縮小した。ジェイコブは、かなり劣勢に陥って本拠地をロンドンから、創業地のフランクフルトに移した。現在はスイスにいる。

欧州ロスチャイルド勢力は、2007年に風前の灯《ともしび》といえるくらいのところまで、追い詰められていた。

しかし、時代は大きく変わる。

2007年8月17日にニューヨークの金融市場で株式と為替（ドル）の暴落が起きた。この「サブプライム・ローン崩れ」から、世界の金融の流れは変化した。

私はこの日、歓喜して自分の熱海の家で焼酎を飲み続け、「ついに勝ったぞ。敵が崩れ始めた」と一人で喚《わめ》いていた。翌2008年9月15日には、リーマン・ブラザーズが破綻した。このことも私は自分の金融本で予言して当てた。

あの「サブプライム崩れ」から私たち人類（現代世界）は、金融・経済の面から新しい時代（歴史区分）に突入したのではないか、と私は考えている。

この世界（私たちの地球）は、だいたい120年周期で動いている。世界覇権が、120年で「帝国の興亡の法則」に従って、一つの大国から次の大国へと移ってゆくのである。

皇帝は4代で滅んで覇権国が交代していくのだ。一世代（ワン・ジェネレーション）とは30年をいう。だいたい30歳で子供をつくる（私は父親と年が30歳違う）。そうすると、その4代目の120年間で帝国は滅びる。すなわち世界覇権のサイクルが世界史にも有《あ》るのである。

たとえば300〜400年続いたササーン朝ペルシア*のような古代帝国があるが、そこには中興《ちゅうこう》の祖《そ》みたいな大人物（大王）が出現していて、さらに3〜4代続く。それで12

***ササーン朝ペルシア**　西暦226年から651年にかけて、イラン高原・メソポタミアなどを支配した王朝・帝国。ササン朝ペルシア、ペルシア帝国などと呼ばれる。

0年のサイクルを3つ持つと考えることができる。

日本の徳川氏（江戸幕府）も8代将軍吉宗《よしむね》という農民の女に産ませた元気な大男の名君が出た。だから、120年のだいたい2倍の260年間続いたのだ。

19世紀の大英帝国とロスチャイルド家

大英帝国（The《ザ》 Commonwealth《コモンウエルス》 of《オブ》 the《ザ》 Nations《ネイションズ》という）が、トラファルガーの海戦でナポレオンのフランス海軍を打ち破ったのが、1805年である。

ここから、アメリカに世界覇権が移動する1914年までが120年だ。すなわちここで帝国（世界覇権国）は120年で移ってゆくという法則性が確認される。

16世紀（1500年代）の大航海時代《ザ・グレイト・ナビゲーション》の時からヨーロッパが、歴史学上の近代《モダーン》なるものを達成して、世界各地に進出して世界を支配した。

19世紀（1800年代）の世界を支配した大英帝国の金融を握っていたロスチャイルド家は、ヨーロッパを中心にして、世界中でたくさんの悪いことをした。このことは事実である。

そして1914年には、アメリカに覇権が移動を開始した。このときは、ロンドン家の

3代目当主の⑩ナサニエル・ロスチャイルド（1840〜1915年）の時代である。

日本は、イギリス・ロスチャイルド家の秘かな支援を受けて、上手に育てられて、1905年に日露戦争に勝利した。このあと大きな勘違いを起こして、自分たちも欧米の一等国（列強《パウアズ》）と同じような海外進出（帝国主義の膨張政策）をやり始めた。

ところが、1923年には、日英同盟は潰された。アメリカのセオドア・ルーズベルト大統領（この背後は当然ロックフェラー1世）の干渉があった。金子堅太郎と小村寿太郎というアメリカの手先が育てられ、伊藤博文（1909年にハルビンで暗殺）と井上馨《かおる》らロスチャイルド系は抑え込まれることになった。

だから私の大きな理解では、19世紀を支配した大英帝国もまた120年間で、潰れていったのである。

米ロックフェラー世界帝国の没落

そして今、20世紀（1900年代）を支配した米ロックフェラー世界帝国の没落が決定的に私たちの目に見えるようになった。

2007年8月のニューヨーク金融市場での〝サブプライムローン危機〟そして翌年9

月の〝リーマン・ショック〟の勃発で、大きな没落が始まった。２０１７年にデイヴィッド・ロックフェラーが死去（１０１歳）した。この年からロックフェラー帝国は瓦解《がかい》を始める。これはもう決まっていることだ。そして世界覇権（ワールド・ヘジェモニー）はこのあと中国に移ってゆく。

「ニューヨーク発の世界恐慌」（１９２９年）と決まって呼ばれる歴史事実に匹敵する大きな政治・金融危機が私たちの眼前に迫っている。

第２次世界大戦の終わりから76年が経った。景気（経済）の波は、60〜70年の周期（波動《はどう》。波。サイクル）で動いている。これを「コンドラチェフの長期波動」という。この波の山と底を2倍にすると、「政治の波」である世界覇権サイクルの１２０年となる。

「サブプライム危機」の原因となったのは、ロックフェラー家（財閥）の支配するニューヨークの大銀行たちが、巨額の金融バクチをやりすぎて、自分たちで大暴発を起こしたからだ。この時ハッキリしたニューヨークの大手銀行たちの５０００兆円（50兆ドル）の大損は隠せない。

ロックフェラー家は、致命的な大失敗を金融業でやってしまった。

ロックフェラー家を頂点とするアメリカの金融財界は、世界史的な規模で大きく敗北

（大失敗）して崩壊を始めた、と冷酷に観察できる。

アメリカの世界覇権は終わりつつある

120年周期での世界覇権の移動を考えると、2006年のバブル景気の頂点《ピーク》が、アメリカが繁栄した絶頂だった。

ここまで書いて来たとおりアメリカが世界覇権国になったのが1914年である。しかしその30年前の1880年代からアメリカの大隆盛は起きている。ここから計算すると2015年で120年の経過となる。

石油の力によるロックフェラー家の世界覇権は、1870年創業のスタンダード石油会社が急激に成長して、世界中にモノポリー（独占資本）という形で広がった。シャーマン法*によって、スタンダード石油は、文字どおり八つ裂《やざ》き（大きく8つに企業分割）された。しかしそれらの反独占《アンチトラスト》を打ち破っていった時期にまで遡って数えると、既に120年を経過している。このように考えることができる。

ロックフェラー石油帝国の衰退が、歴史学的に証明された。2007年8月からニューヨークで金融恐慌が勃発し、このとき受けた打撃は今後も止まらない。

***シャーマン法**　1890年にアメリカ議会で成立した独占禁止法。ロックフェラー家のスタンダード・オイルは同法により、37の新会社に分割された。

石油という〝エネルギー革命〟と共にアメリカで1870年から起こったロックフェラー財閥も退場してゆく。ドン欲と強欲に徹して悪どいことばかりしたので、世界中の人々から嫌われて、正体を見抜かれて、滅亡してゆく。欧州ロスチャイルドの衰退も著《いちじる》しい。

この動きの中に私たちは生きている。この日本国で彼らの動きを書き続け、彼らの思想の根拠と生態までを解明してきたのは私である。

次の世界覇権国《ヘジエモニック・ステイト》は中国だ

1945（昭和20）年の終戦の年から76年が経ち、世界の覇権《ワールド・ヘジエモニー》（世界の中心）が、アメリカ帝国（ロックフェラー石油帝国）から、地球上の他の地域 region《リージョン》 に移り始めた。

しかし決して、それはヨーロッパ（19世紀のロスチャイルドの金《きん》の帝国）への先祖返りはない。ロスチャイルド家が、もう一度大きく盛り返して、21世紀にアメリカ・ロックフェラー家から金融・経済の世界覇権を奪い返すということにはならない。

世界史の軸が動き出した

それでは、どこの国が次の世界覇権国（世界帝国、超大国）になるのか？

私の考え（予測）は自著でも公言してきた。次の世界覇権国は中国である。

今の中国は、経済的な大成長をとげた。国内にまだまだ8億人の貧困層と、共産主義独裁体制という政治的な劣等を抱えている。だから、今、急速に中国は態勢と体制を整えつつある。

中国は10年後には曲がりなりにもデモクラシー（民主政体《せいたい》。①普通選挙制度と②複数政党制）になるから、もう誰も蔑《さげす》むことができない国になっているだろう。

ヨーロッパに世界覇権は戻らない

もはやヨーロッパに世界覇権が戻ることはない。なぜなら、ヨーロッパは今も表面だけは美しく保存され飾られて、人権が尊重される文明の先進地帯である。

ヨーロッパ人は、近代人《モダーン・マン》で大人で、本当に上品な人たちである。でも上品なだけで何の力もない。今のヨーロッパ人は、「売家《うりいえ》と唐様《からよう》で書く三代目」（道楽にふけって家業の商いをないがしろにする人のこと）の経営者のバカ息子のようだ。

ヨーロッパ人はあまり働かないし、人口も減っている。ドイツなどは、週労働4日、すなわち週休3日の国になっている。

日本の大企業の工場の稼働率も、今や3～7割程度に落ちている。日本だってこのままほうっておけば、週労働4日の国になる。現にリモート・ワークでそれが実現しつつある。

地方の中小企業の場合は、金曜日も工場が止まってしまって、その分の従業員の給料の補助金が景気対策として政府や県から支給されている。

これからのロスチャイルド家
——アメリカの没落と欧州危機を受けて

2014年から銀行部門が統合

3つに分かれていたロスチャイルドの金融部門が統合した。ロンドン分家の20イヴリンとパリ本家22ダヴィドが率いたⒶ「NM《エヌエム》ロスチャイルド銀行」、そしてロンドン本家の23ジェイコブが率いたⒷ「RIT《アールアイティー》キャピタルパートナーズ」、そしてパリ分家の34ベンジャマンが率いたⒸ「エドモン・ド・ロスチャイルド」*である。ベンジャマンは、17エドモン・アドルフの長男で〝黒い羊〟の13モーリスの孫である。ベンジャマンは2021年1月15日に急死した。

この3つが大きく統合しつつある。

ナポレオンの監視下にありながら1805年（19世紀はじめ）に、ロスチャイルド5人兄弟が、欧州各地で銀行を設立してから、約200年ぶりのことであった。

***プリヴェ・エドモン・ド・ロスチャイルド**　1953年にエドモン・アドルフが設立。パリ本家とも連携していたが1979年に決裂したといわれる。

この統合で、ロスチャイルド・コンティニュエーション・ホールディングスAG《エイジー》（RC《アールシー》H《エイチ》）という持ち株会社を設立して、スイスに本拠を移した。「コンティニュエーション」（永続）というコトバに、ロスチャイルド一族が永遠に続くことへの強い願望が込められている。ファミリーの結束、調和の道を選んだということであろう。

　このRCHの傘下に、パリ・ユーロネクスト市場に上場（一族企業で唯一の上場である）のパリ・オルレアン銀行とロンドンのNMロスチャイルド銀行がある。長年、ⒶのNMロスチャイルド銀行は、一族の旗艦銀行だったが、2003年からは、パリ・オルレアン銀行のロンドン支社という扱いになった。この統合を主導したのは、パリ家のダヴィドである。

　そしてRCHが誕生した2003年に、本書の冒頭に書いた、ロンドンの26ケイト・エマ・ロスチャイルドと28ベンジャミン・ゴールドスミス両家の同族結婚があった。この政略結婚も、一族再結集の流れである。ロスチャイルド家とゴールドスミス家が新たにつながったことはものすごく重要である。

　2012年にブルームバーグが次のように報じた。

「ロスチャイルド　英仏の銀行を統合へ、一族の資産管理強化」

4月5日（ブルームバーグ）　欧州の老舗金融機関ロスチャイルドは、傘下の英仏銀行を統合してグループの資産管理を強化するとともに、㉒ダヴィド・ド・ロスチャイルド会長の後継に備える。

ロスチャイルドが前日に電子メールで配布した発表によれば、パリを拠点とする合併・買収（M&A）銀行などロスチャイルド家のフランス側資産を保有するロスチャイルド・アンド・バンクと、ロンドン拠点のNMロスチャイルド・アンド・サンズを含む資産を保有するロスチャイルド・コンティニュエーション・ホールディングスを統合、フランス市場に上場しているパリ・オルレアンの傘下に置く。さらにパリ・オルレアンを合資会社に移行することで、創業一族による長期的な管理を可能にするという。

ロスチャイルド会長は発表文で、今回の変更により「グローバル化し競争の高まる世界に対応し、グループにおける一族の管理を確実なものとすることができる」と述べた。

（原題：Rothschilds to Unite French, U.K. Banks to Secure Control）

2012年4月6日付　Bloomberg

このようにロスチャイルド財閥は分裂を克服して銀行を統合した。パリ・オルレアン銀行の取締役会にあたる経営諮問委員会の議長を務めるのは、ワイン事業も手がけるエリック・アランである。その弟のロベールも同委員会のメンバーになった。冒頭の家系図をよく見てください。

この記事の前月3月16日には、Ⓑの㉓ジェイコブの「RITキャピタルパートナーズ」とⒸの「プリヴェ・エドモン・ド・ロスチャイルド」の両者が戦略提携すると発表した。

2007年のサブプライム崩れとリーマン・ショックで受けた金融危機の傷跡からの修復を欧州ロスチャイルドは急いでいる。ところがアメリカ・ロックフェラー家は傷跡を修復できない。

欧米の金融資本主義が退潮する一方で、BRICS《ブリックス》などの新興大国は実物経済《リアルウエルス・エコノミー》と共に台頭しつつある。この難局を乗り切るため、ロスチャイルド一族はスイスのジュネーブとチューリヒを拠点として、大同団結しつつある。

㉓ジェイコブは、2019年にRITキャピタルの会長を退任した。後任の会長はイングランド銀行元総裁の息子ジェームズ・リー＝ペンバートンである。

⑳イヴリンは、2003年にNMロスチャイルド銀行の頭取を退任した後は、インドを中心とした民間投資会社 E. L. Rothschild Ltd の会長を務めている。2004年には、趣

味を兼ねて、高級チョコレート店「Rチョコレート」を設立したが、2020年のコロナ騒動で打撃を受け、7月に清算手続きに入った。

2015年に一族の間で、小さな内紛が起きた。パリ本家の22ダヴィドと、パリ分家の34ベンジャマン・エドモンが、金融分野におけるファミリーネームの商業的使用をめぐって対立し、裁判沙汰になった。これをダヴィドの一人息子の31アレクサンドル・ギー（1980年生まれ。パリ家6代目当主）がうまく収めて、2018年に両家は和解した。この年に、ダヴィドはロスチャイルド&カンパニーの会長職をアレクサンドル・ギーに引き継いだ。

資源投資に注力するナット

ロンドン本家の次期当主の25ナット（7代目）は、Ⓐ、Ⓑ、Ⓒのグループとは別個に、大手ヘッジファンド「アティカス・キャピタル」の共同代表を務めていた。ところがリーマン・ショックの余波で、2008年に50億ドル（約5000億円）の損失を出した。ナットは、ファンドの資本の約95％を投資家（出資者）に気前よく返還し、アティカス社を立派に解散（精算）することができた。

このように、欧州ロスチャイルド家が受けた打撃も大きい。14年前のサブプライム危機から始まった〝ニューヨーク発の金融恐慌〟はヨーロッパのすべての大銀行に大きな打撃を与えた。

スペイン、イタリア、フランスだけでなく、更に大きいイギリスとドイツの銀行が抱えている時限爆弾《タイム・ボム》（巨額損失）も隠されている。証券化商品（クレジット・デリバティブス）の大爆発（未償還、紙キレ化）が再び起きるだろう。

こんな中でナットが、さっさと失敗したファンドを解散して顧客（投資家）全員に、投資金の95％を返済（償還）したというのは、ものすごいことである。さすがロスチャイルド家である。〝腐っても鯛《たい》〟である。米ロックフェラー家が、このあと大崩壊して、世界覇権を失うのとは大違いである。

この英ロスチャイルド・アティカス社は、その上に、銅の生産における世界最大級の企業であるフェルプス・ドッジ（米国本社）と、金《きん》の鉱山会社であるフリーポート・マクモランの合併を両社の大株主として主導した。このように、**25**ナットは今も鉱物などの実物資源に影響力を持つから、全面的な撤退ということにはならない。

ナットの「仕掛け」

これからはロスチャイルド家が力を取り戻してゆく。ただし、それは欧州での資本の形をとらずに、世界中に分散して姿形《すがたかたち》を変えている。

ナットは、ロシアの新興財閥（オリガリヒ）のオレグ・デリパスカや、ロマン・アブラモヴィッチらと連携し、インドの鉄鋼王ラクシュミ・ミッタルとも近い。

アティカス社を手じまいした後の㉕ナットは、新興国の資源企業向けファンドを新たに立ち上げた。

ナットは、資金難に陥っている資源企業に狙いを定めている。あらかじめロンドン証券取引所に上場させた「ファンド」を通じてそこから資源企業に出資する。そしてそのファンドと資源企業を「逆さ合併」させて、ロンドン証取《しょうとり》銘柄（場合によってはFTSE*の指標銘柄）に仕立てる。

2011年、ナットはこの手口で、トルコ・イラクのクルド地区にあった、石油企業ゲネル社をロンドン市場に上場させた。このときナットは、メキシコ湾原油流出事故でBP《ビーピー》（ブリティッシュ・ペトロリアム）のCEO職を引責辞任したトニー・ヘイワードと組み、

***FTSE**　株式や債券などのインデックス（指数）を作成するイギリス企業。FTSE算出の代表的指数にFTSE100がある。アメリカのMSCI指数と並ぶ世界の2大投資指標。

“逆さ合併”で企業ころがしをするナット

25ナットは、新興国の資源企業向けのファンドを立ち上げて動いている。左は、ブリティッシュ・ペトロリアム（BP）元CEOのトニー・ヘイワード。彼のような実力者と組んで、勢力拡大を虎視眈々と狙っている。


話題となった。

さらにナットは、ペーパー会社のファンドを使った逆さ合併で、インドネシアのブミ社を手に入れた。ブミは石炭を主力とする資源企業で、英タイムズは「ナット・キング・コール（石炭）」（有名なジャズ歌手の名前）と皮肉った。新興国の資源企業を指標《インデックス》に組み込む「仕掛け」を考えたのは、さすがロスチャイルド家の次期当主である。この荒っぽいやり方は、ロンドンで問題になった。

インドネシアのブミの創業家、バクリ一族の現在の当主はアブリザル・バクリである。第1次ユドヨノ政権で入閣していたこともある人物だ。2011年末、バクリ一族は、ナットの乗っ取りに対抗して反撃に出た。

同じくインドネシアの民族資本家であるサミン・タン（鉱山富豪）に持ち株の半分を売却して取締役会入りさせたのである。バクリから株を買い増そうとしていた25ナットは激怒し、バクリ一族を非難する手紙を送りつけた。この手紙はＦＴ（フィナンシャルタイムズ）紙上で公開された。バクリ一族はナットを共同会長の座から引きずりおろす動きに出た。ナットは２０１２年にブミの社外取締役に追いやられてしまった。ナットはブミの経営権を取り戻そうと動いたが、２０１３年の株主投票でナットの提案は否決。経営権争いに敗れる。２０１５年、ナットはインドネシアでの事業投資から撤退した。

ナットがロスチャイルド家を守るだろう

ナットは、２０１２年の春に発表されたフォーブス誌の世界長者番付[*]で、初めて１１３５位（保有資産10億ドル）にランクインしている。しかしその後の投資の失敗で、長者番付から転落した。

ナットは、イスラエル女優のナタリー・ポートマンと浮名を流したり、〝世間知らずな上流階級のボンボン〟というイメージを拭えない。しかし、いろいろと金融業界では話題

***世界長者番付**　毎年３月に発表。個人保有の株式や土地の含み益が調査対象となる。財団や企業保有の資産は対象外なのでロスチャイルド家はほとんど登場しない。

新興国に広がるナットの人脈

ロマン・アブラモヴィッチ

ロマン・アブラモヴィッチ（1966〜）は、ユダヤ系ロシア人で、ロシアの石油王である。石油企業シブネフチを率いた。ロンドンとモスクワを往復する投資家である。現在、プレミアリーグのチェルシーFCのオーナーでもある。

オレグ・デリパスカ

オレグ・デリパスカ（1968〜）は、ロシアのアルミ王。アルミ企業ルサールのCEO。香港株式市場への上場をナットが支援した。

ラクシュミ・ミッタル

ラクシュミ・ミッタル（1950〜）は、インドの鉄鋼王で、世界最大の鉄鋼企業アルセロール・ミッタルの総帥。ロンドンに在住している。

アブリザル・バクリ

アブリザル・バクリ（生年非公開）は、インドネシアの石炭王である。大統領の椅子を狙う政治家でもある。乗っ取りを仕掛けたナットを逆に追い出した。

をつくっている。今は、電気自動車の充電ケーブルを作っているヴォルテックスVoltex社の筆頭株主だ。東欧諸国の不動産投資にも力を入れている。何があろうがナットがこれからのロスチャイルド家を守っていく。

おわりに

私の歴史観は、「世界で一番大きなお金（資金力）を持つ者が、その時の世界を支配する」というものである。巨大なお金の動き（利益のための活動）の話を抜きにして、政治の事件や文献証拠に頼る歴史学をいくらやっても本当の人類の歴史は分からない。

歴史学を専攻する大学教授たちのほとんどは貧乏な学者だ。企業経営も知らず、泥くさい生《なま》の政治も知らない学者たちに本当の歴史は描けない。だから歴史を見る場合に、「大きなお金の動きの真実」を観察する目を持つべきだ。人類史を冷静に見るなら、あくまで、その時代、時代の権力闘争《パワーストラグル》と巨大資本の動きに着眼すべきである。

大戦争（大会戦）があって両軍各々《おのおの》5万人、計10万人の兵（軍団）がぶつかった、と歴史家は自分の目で見てきたようなウソを書く。しかし本当の戦場では、その時の1割の5000人しか決死の突撃をしない。残りの9割は、自分が死なないで済むことばかり考えている。1万人、2万人の兵隊を動かすのに、いったい、毎日毎日、どれほどの資金が必要か、をこそ考えるべきなのである。

たとえば、300人の従業員を抱える中堅企業の社長（経営者）が、どれほどの苦労をして毎月の社員の給料（賃金）を払っているか。このことから常に世の中を見るべきなのである。大事件、戦争の背後にある「お金の動き」を知らずに歴史を語ると「子供の知識」になってしまう。

私は、「はじめに」でも書いたとおり、コンスピラシーは、「権力者共同謀議」と訳すべきだと主張する。共同謀議とは、あくまでその国の権力者（支配者）たち自身による共同謀議でなければならない。あっけなくその国の警察によって一網打尽にされてしまうような小さな企《たくら》みや、謀《はかりごと》ではない。一番大きな資金を握っている本当の支配者たちは、主要な公職の人事権も握り、政治を背後から（非公式の力で）動かす。だから、コンスピラシー conspiracy のことを「権力者共同謀議」と訳すべきだ。現在は、ディープ・ステイト（裏に隠れた影の政府）なるものが、世界を頂点のところで支配している。

だから権力者共同謀議《コンスピラシー》は有る、と主張するコンスピラシー・セオリストを、「権力者共同謀議はある論者」と訳すしかない。私はここに含まれる。

人類史は次々と興《おこ》る帝国（覇権国）の興亡の歴史である。帝国というのは、周辺の数十カ国を家来《けらい》の国として束ねる。家来の国（属国《ぞつこく》）に朝貢《ちようこう》（資金を差し出すこと）を促《うなが》す。ひとつの帝国（王朝）の長さは、だいたい4世代（30年かける4）である。だから120

年間だ。この120年の周期で世界覇権（支配権）は移ってゆく。私はこのように世界史を冷酷に概観する。過去の諸事実から冷静に組み立てられる理解を近代学問《サイエンス》という。

1859年に、アメリカの五大湖のほとりでひとりの山師が石油の掘削に成功した。そこは今もオイルシティという町で観光地になっている。この石油と共に勃興したロックフェラー財閥が、早くも1880年代には、世界で一番大きなお金を握った。だからこの時から、世界支配は、〝金《きん》〟と共に栄えたロスチャイルド家から、ロックフェラー家に移っていった。そしてこのあと世界覇権は、次の支配者、即ち中国へと移ってゆくだろう。

その前の19世紀の、1805年からの120年間が、ロスチャイルド家が世界を支配した時代だった。その前の100年間はフランス王国（ブルボン王朝）が覇権者である。そしてナポレオンが文字どおり、ヨーロッパ皇帝となった。ロスチャイルド家の創業者❶マイヤー・アムシェルと息子NM《エヌエム》（❹ネイサン・マイヤー・ロスチャイルド。ロンドン家初代当主）は〝宿敵〟ナポレオンを打ち倒すために文字どおり命懸けの闘いをやったのである（本書78〜88ページ）。公式には、1931年に「金ポンド兌換体制」が終わった時に、大英帝国とロスチャイルド家の支配も終わったのである。

それでも今の世界金融システムを背後から動かしているのはロスチャイルド財閥であ

る、とする考えが有力である。

ロスチャイルド家について主要な文献は、以下の6冊である。

①横山三四郎著『ロスチャイルド家　ユダヤ国際財閥の興亡』（講談社現代新書、1995年刊）。

②広瀬隆著『赤い楯　ロスチャイルドの謎』（上下巻、集英社、1991年刊。現在は集英社文庫、全4巻）。

③フレデリック・モートン著『ロスチャイルド王国』（邦訳・高原富保、新潮選書、1975年刊）。

④デリク・ウィルソン『ロスチャイルド　富と権力の物語』（上下巻、邦訳・本橋たまき、新潮文庫、1995年刊）。

⑤ロンドン分家の⑲エドマンド・デ・ロスチャイルド著『ロスチャイルド自伝　実り豊かな人生』（邦訳・古川修、中央公論新社、1999年刊）。

⑥フランス（パリ）家4代当主である⑯ギー・ド・ロスチャイルドが書いた『ロスチャイルド自伝』（邦訳・酒井傳六、新潮社、1990年刊）の6冊である。

①横山三四郎・戸板女子短大元教授の『ロスチャイルド家　ユダヤ国際財閥の興亡』と、②『赤い楯』を書いた広瀬隆の二人はおそらく米ロックフェラー財閥の息のかかった者たちである。ロックフェラー家は、イギリスのロスチャイルド家が大嫌いなのだ。かつて（1913年まで）自分たちがイギリス人であるロスチャイルド財閥から資金を借りて従属していたからである。今でもアメリカ人の支配階級はどんなに家柄を誇ってもイギリス貴族に頭が上がらない。

平民であるロスチャイルド家は、イギリス王室から貴族（男爵）の称号をもらったのではない。ウィーンのハプスブルク家（ヨーロッパ皇帝の家系）から貴族の称号をもらったのだ。貴族の叙位権は帝権《ていけん》（国王ではなく皇帝の権限）に属する。

ただしアメリカ合衆国では、ヨーロッパ貴族の称号は、アメリカ国民であったら支配階級の者たちであっても、絶対にもらってはいけない。なぜなら、アメリカ合衆国は、共和国《リパブリック》であって、王国や貴族は存在してはいけないからだ。ただし、ヨーロッパ貴族が外国人の旅行者として訪問するのはかまわない。案外、この事実を日本人は知らない。

平民であるロックフェラー家は貴族になったロスチャイルド家が嫌いなのである。だから、「ロスチャイルド家についての研究」を、世界各国から学者、ジャーナリストたちを選抜して、特殊な留学や奨学金を与えてやらせる。

たとえば、ロン・チャーナウ著『タイタン　ロックフェラー帝国を創った男』（上下巻、邦訳・井上広美、日経BP社、2000年刊）という分厚い本がある。このおかしな本は、ロックフェラー1世を書いた伝記だが、ロックフェラーを賛美するばかりで、本当の穢《きたな》い泥臭い話は全く書かれていない。

最後に。この本ができるのに日本文芸社の水波康編集長と、グラマラス・ヒッピーズの山根裕之氏に大変お世話になった。記して感謝します。

8年後に、この本はあれこれの苦難のあとに見事《みごと》に蘇《よみがえ》った。復刊してくれたのはPHP研究所の大久保龍也氏である。合わせて感謝します。

副島隆彦

2012年6月
2021年1月に改訂

ロスチャイルド家 年表

西暦	ロスチャイルド家関係	世界史関係
1743	創業者マイヤー・アムシェルが生まれる	
1760		イギリスで産業革命が開始
1764	マイヤー・アムシェル、フランクフルトでロスチャイルド商会を設立	
1769	マイヤー・アムシェル、ヘッセン大公国の宮廷指定商人となる	
1776		アメリカが独立宣言
1786	マイヤー・アムシェル、ヘッセン大公国の投資代理人となる	
1789		フランス革命が開始
1800	マイヤー・アムシェル、ヘッセン大公国の高等代理人となる	
1804	〔ロンドン家〕ネイサンがロンドン・ロスチャイルド商会を設立しロンドン家が創業	ナポレオンが皇帝に即位、ナポレオン法典を制定
1806	ナポレオンの「大陸封鎖令」に対抗し、ロスチャイルド5兄弟が密輸活動を開始	神聖ローマ帝国が滅亡する
1812	〔フランクフルト家〕マイヤー・アムシェルが死去し、アムシェル・マイヤーが当主に	ナポレオンがロシアへ遠征
1814		イギリスでスチーブンソンが蒸気機関車を発明 ナポレオンが失脚し、ウィーン会議が開催される（〜1815）
1815	〔ウィーン家〕サロモンがプロイセン政府商業顧問になる 〔ロンドン家〕ネイサンがウェリントン公爵に軍資金を輸送／ネイサンが英国債の空売りで巨利を得る	ワーテルローの戦いでナポレオンが敗北し、セント・ヘレナへ流される

1817	〔パリ家〕ジェームズがパリ・ロスチャイルド商会を設立しパリ家が創業／パリ・ロスチャイルド商会が公債の引き受けを開始	
1818	〔ロンドン家〕ネイサンが在イギリス・オーストリア領事に任命	
1819	〔ロンドン家〕ロンドン・ロスチャイルド商会が公債引き受けを開始	
1820	〔ウィーン家〕サロモンがウィーン・ロスチャイルド商会を設立しウィーン家が創業	
1821	〔ナポリ家〕カールがナポリ・ロスチャイルド商会を設立しナポリ家が創業	
1822	オーストリア皇帝の勅命で一族が男爵家となる	
1824	〔ロンドン家〕ネイサンが外債の引き受けと保険業（アライアンス保険会社）にも進出	
1830	〔パリ家〕ジェームズが外債引き受けを開始	フランスで7月革命
1832	〔ナポリ家〕カール、ローマ法王に謁見を許される	
1834	〔ロンドン家〕ネイサン、アメリカ公債を引き受ける	
1835	〔ウィーン家〕サロモン、オーストリアで鉄道事業（フェルディナント皇帝鉄道）を開始	
1836	〔ロンドン家〕ネイサンが死去、ライオネルが当主となる	
1840		アヘン戦争が起きる（〜1842）
1841	〔ウィーン家〕サロモンが公債の引き受けを開始	
1843	〔ウィーン家〕サロモン、ウィーンの名誉市民となる	
1845	〔パリ家〕ジェームズが北方鉄道を設立	
1847	〔ロンドン家〕ライオネルが英下院議員に当選するも、議席には着けず	
1848	〔ウィーン家〕宰相メッテルニヒが失脚し、サロモンはフランクフルトを脱出（ウィーン家一時閉鎖）	フランスで2月革命

１８５０	〔ウィーン家〕サロモンの子アンセルムがウィーン・ロスチャイルド商会を再建	
１８５１		太平天国の乱が起きる（〜１８６４）
１８５２	〔パリ家〕ペレール兄弟が設立したクレディ・モビリエと対立する	
１８５３	〔ロンドン家〕シャトー・ムートンを買収し、ワイン生産を開始	ペリーが日本の浦賀に来航
１８５５	〔フランクフルト家〕アムシェルが死去、カールの長男マイヤー・カールが当主に	
１８５８	〔ウィーン家〕サロモンが死去、アンセルムが当主に 〔ナポリ家〕カールが死去、次男アドルフが当主に 〔ロンドン家〕ライオネル、英下院の議席に着くことを認められる 〔ウィーン家〕アンセルムがクレディート・アンシュタルト銀行を設立 〔パリ家〕ジェームズ、ペレール兄弟に対抗して「投資連合」を形成／ジェームズの長男アルフォンスがフランス銀行理事に就任	
１８５９		アメリカで山師ドレイクが石油掘削に成功 イタリア統一戦争（〜１８６０）
１８６０	〔ナポリ家〕アドルフ、革命を逃れてフランクフルトへ移住（ナポリ家閉鎖）	
１８６１		アメリカで南北戦争が起きる（〜１８６５） イタリア王国が建国される
１８６２	〔パリ家〕ルイ・ナポレオンがジェームズを訪問し、対立から和解へ	
１８６３		リンカーン米大統領が黒人奴隷解放を宣言

1864	〔パリ家〕クレディ・モビリエに対抗し、ソシエテ・ジェネラールを設立	
1866		普墺戦争
1867	〔パリ家〕ペレール兄弟のクレディ・モビリエが頓挫し、パリ家が勝つ	スウェーデンのノーベルがダイナマイトを発明 日本の江戸幕府が大政奉還
1868	〔パリ家〕ジェームズが死去、アルフォンスが2代目当主に／シャトー・ラフィットを買収し、ワイン生産を開始	
1869		スエズ運河が開通
1870	〔パリ家〕アルフォンスが仏側代理人として普仏戦争の戦後処理に加わる	普仏戦争（〜1871）
1871		ドイツ帝国が成立し、ヴィルヘルム1世が初代皇帝に、ビスマルクが初代宰相に就任 日本で廃藩置県
1873	〔ロンドン家・パリ家〕スペインの銅鉱山会社リオ・ティントに資本参加	
1874	〔ウィーン家〕アンセルムが死去、アルベルトが当主に	
1875	〔ロンドン家〕ライオネルが英政府のスエズ運河株買収資金を調達する	
1877		イギリスがインド帝国をつくる 日本で西南戦争
1879	〔ロンドン家〕ライオネルが死去、ナサニエルが当主に	
1882	〔パリ家〕エドモン・ジェームズがパレスチナ入植運動支援を開始	
1883	〔ロンドン家・パリ家〕ロンドンとパリ家、ロシアのバクー油田の開発に	

	着手	
1885	〔ロンドン家〕ナサニエルが英王室から男爵位を貰う	伊藤博文が日本の初代首相になる
1886	〔フランクフルト家〕マイヤー・カールが死去し、弟ヴィルヘルムが当主に	
1888	〔ロンドン家〕セシル・ローズと協力し、ダイヤモンド鉱山のデ・ビアス社を設立	
1889		日本で明治憲法が発布
1892		米スタンダード石油がオハイオ州から解体命令
1894		日清戦争（〜1895）
1901	〔フランクフルト家〕ヴィルヘルムが死去、フランクフルト家が閉鎖	イギリスのヴィクトリア女王が死去
1903	〔ロンドン家〕チャールズが来日	
1904		日露戦争（〜1905）
1905	〔パリ家〕アルフォンスが死去、エドゥアールが当主に／パリ・ロスチャイルド商会が改組、ロスチャイルド兄弟銀行になる	ロシアで血の日曜日事件が起きる 孫文らが東京で中国革命同盟会を結成 日露でポーツマス講和条約
1911		清で辛亥革命が開始
1913		アメリカで連邦準備法が制定
1914	〔ロンドン家〕バクー油田の権利をロイヤル・ダッチ・シェルに譲渡して大株主に	サラエボ事件が起き、第1次世界大戦が開始（〜1918）
1915	〔ロンドン家〕ナサニエルが死去、ウォルターが当主に	
1917	〔ロンドン家〕ウォルターが「バルフォア宣言」を受け取る	ロシア革命（2月革命・10月革命）が起きる
1919	〔ロンドン家〕NMロスチャイルド銀行が金の値決めを開始	五・四運動が起き、・中国国民党が発足

1920		国際連盟が成立 ドイツにナチスができる
1922	〔ロンドン家〕フィリップがシャトー・ムートンの経営を引き継ぐ	
1923		日本で関東大震災が起きる
1928		蒋介石が中国の国民政府主席に
1929		世界経済恐慌はじまる
1931		満州事変
1932		満州国の建国を宣言
1933		ヒトラー内閣が成立し、ナチス・ドイツがユダヤ人迫害を開始 アメリカでニュー・ディール政策が開始
1937	〔ロンドン家〕ウォルターが死去し、ヴィクターが当主に	
1938	〔ウィーン家〕末裔のルイがオーストリア併合で、ナチスの人質に（身代金を払いアメリカへ亡命）	
1939		独ソ不可侵条約が締結 第2次世界大戦が開始（～1945）
1940	〔パリ家〕ナチス軍のパリ占領により、ロスチャイルド兄弟銀行がラ・ブールブールに本店を移転	
1941	〔パリ家〕ギーがレジスタンス運動に加わる	ドイツがソ連に宣戦 太平洋戦争が始まる（～1945）
1942	〔パリ家〕モーリスがカナダ経由でアメリカへ脱出 〔ロンドン家・パリ家〕ヴィシー政権がシャトー・ラフィット、シャトー・ムートンを没収	

1943		イタリアが降伏 カイロ会談
1944	〔パリ家〕パリ解放により、ギーがロスチャイルド兄弟銀行をパリに再建	
1945	〔ロンドン家〕フィリップがシャトー・ムートンを再開	ヤルタ会談 ドイツが無条件降伏 ポツダム会談 日本がポツダム宣言を受諾 国際連合、成立
1946	〔パリ家〕エリーがシャトー・ラフィットを再開	
1949		中華人民共和国が成立し、毛沢東が主席に
1950		朝鮮戦争 中国国民政府が台湾に移る
1951		サンフランシスコ講和会議
1952	〔ロンドン家・パリ家〕ロンドン、パリ家が協力し、カナダのニューファウンド開発に着手／ワインの格上げをめぐり、フィリップとエリーが対立	
1954	〔パリ家〕ジョルジュ・ポンピドー、ロスチャイルド兄弟銀行の頭取となる	
1956		スエズ戦争
1957	〔パリ家〕モーリスが死去し、エドモン・アドルフがパリ分家（スイス）当主に	
1962		キューバ危機

1963	〔パリ家〕エドモン・アドルフがパリに投資会社を設立	
1965		アメリカが北ベトナム爆撃開始
1966	〔ロンドン家〕ジェイコブがNMロスチャイルド銀行で投資信託事業を開始	毛沢東が文化大革命を開始
1967	〔パリ家〕ロスチャイルド兄弟銀行が、投資銀行から預金銀行になり、ロスチャイルド銀行と改称	第3次中東戦争
1968	〔パリ家〕エドモン・アドルフがスイスに銀行を設立	
1973	〔ロンドン家〕エドマンドが日本で瑞宝章勲一等を受ける	第4次中東戦争
1975	〔ロンドン家〕ヴィクターがNMロスチャイルド銀行会長に 〔パリ家〕エリックがシャトー・ラフィットの経営を引き継ぐ	ベトナム戦争が終結
1976	〔ロンドン家〕イヴリンがNMロスチャイルド銀行会長に	
1979		ソ連がアフガニスタンに侵攻
1980	〔ロンドン家〕ジェイコブがイヴリンと決別しNMロスチャイルド銀行を退社	イラン・イラク戦争（～1988）
1981	〔パリ家〕パリ・ロスチャイルド銀行が国有化	
1983	〔ロンドン家〕ジェイコブ、アメリカのウォール街に進出（チャーターハウス・J・ロスチャイルド銀行）	
1984	〔パリ家〕ダヴィド、パリ・オルレアン銀行を設立	
1988	〔ロンドン家〕フィリピーヌがシャトー・ムートンの経営を引き継ぐ	
1989		中国で天安門事件が起きる ベルリンの壁が崩壊
1990	〔ロンドン家〕ヴィクターが死去、ジェイコブが当主に	東西ドイツが統合 湾岸戦争が起きる
1991		ソ連が解体

1993	〔ロンドン家〕ジェイコブ、RITキャピタルパートナーズを設立	
1994	〔ロンドン家〕ジェイコブ、ロスチャイルド・アセット・マネジメントを設立	
1995	〔ロンドン家〕ナットがアティカス・キャピタルを設立	
1997	〔パリ家〕エドモン・アドルフが死去し、ベンジャマンがパリ分家（スイス）当主に	
2001		アメリカで同時多発テロ
2003	〔ロンドン家・パリ家〕ロスチャイルド・コンティニュー・ホールディングスをスイスに設立	イラク戦争（～2011）
	〔パリ家〕ダヴィドがイヴリンからNMロスチャイルド銀行会長職を引き継ぐ	
2004	〔ロンドン家〕NMロスチャイルド銀行が金の値決めから撤退	
2007	〔パリ家〕ギーが死去し、ダヴィドが5代目当主に	サブプライムローン危機が起きる
2008		リーマン・ショックが起きる
2009	〔ロンドン家〕ナット、アティカス・キャピタルを解散	
2010	〔ロンドン家〕ナット、資源企業向けファンドを立ち上げ	欧州債務危機が起きる
2012	〔ロンドン家・パリ家〕一族の三大金融グループに統合の動き	習近平が中国トップに
	〔ロンドン家〕ケイト・エマとベンジャミン・ゴールドスミスが離婚	
2013	〔ロンドン家〕ナットのブミの経営に関する提案が株主投票で否決。バクリ一族との経営権争いに敗れる	イラン核合意が成立
2014	〔ロンドン家〕フィリピーヌが死去。フィリップ・セリースがシャトー・ムートンの会長に	ウクライナ危機が起きる
2015	〔ロンドン家〕ジェームズ・ヴィクターとニッキー・ヒルトンが結婚／ナットがインドネシア投資から撤退	米・キューバ国交回復

2016	〔パリ家〕パリ本家とパリ分家（スイス）の間でロスチャイルドの商標をめぐり法的紛争が起きる	
	〔ロンドン家〕ナットが元モデルのロレッタ・ベイシーと結婚／アリスの夫、ザック・ゴールドスミスがロンドン市長選に立候補するも落選	国民投票でイギリスのEU離脱が決まる
		ドナルド・トランプが米大統領選で勝利
2017	〔パリ家〕ダヴィドの部下だったエマニュエル・マクロンがフランス大統領に	デイヴィッド・ロックフェラーが死去
2018	〔パリ家〕ダヴィドがロスチャイルド&カンパニー会長を退任。アレクサンドル・ギーが後任会長に／パリ本家とパリ分家（スイス）の間で商標をめぐる紛争が和解／エリックがシャトー・ラフィットの会長を退任。サスキアが後任会長に	米朝初の首脳会談
2019	〔ロンドン家〕ジェイコブがRITキャピタルの会長を退任／ザック・ゴールドスミスがボリス・ジョンソン内閣に入閣	香港で大規模デモが起きる
2020	〔ロンドン家〕イヴリンが所有する高級チョコレート店「Rチョコレート」がコロナ禍の影響で清算	イギリスがEUを離脱
		新型コロナウイルスが世界中で蔓延
2021	〔パリ家〕パリ分家当主ベンジャマンが死去	

〈著者略歴〉
副島隆彦（そえじま　たかひこ）
1953年、福岡県生まれ。早稲田大学法学部卒業。外資系銀行員、予備校講師、常葉学園大学教授等を経て現在に至る。政治思想、法制度、金融・経済、社会時事、歴史、英語研究、映画評論の分野で画期的な業績を展開。「属国日本論」とアメリカ政治研究を柱に、日本が採るべき自立の国家戦略を提起、精力的に執筆・講演活動を続ける。
主著は『［決定版］属国 日本論』（ＰＨＰエディターズ・グループ）、『世界覇権国アメリカを動かす政治家と知識人たち』（講談社＋α文庫）。

世界覇権の大きな真実
ロスチャイルド230年の歴史から読み解く近現代史

2021年3月11日　第1版第1刷発行

著　者　副島隆彦
発行者　岡　修平
発行所　株式会社PHPエディターズ・グループ
〒135-0061　江東区豊洲5-6-52
☎03-6204-2931
http://www.peg.co.jp/

発売元　株式会社ＰＨＰ研究所
東京本部　〒135-8137　江東区豊洲5-6-52
普及部　☎03-3520-9630
京都本部　〒601-8411　京都市南区西九条北ノ内町11
PHP INTERFACE　https://www.php.co.jp/

組　版　有限会社メディアネット
印刷所
製本所　凸版印刷株式会社

ISBN978-4-569-84763-4

PHPエディターズ・グループの本

［決定版］属国 日本論

2つの帝国の狭間で

副島隆彦 著

「日本はアメリカの属国である！」と日本人として初めて論証し、保守派言論人から忌み嫌われた著者の主著を全面的に加筆して復刊。

定価 本体一、八〇〇円（税別）